STEFAN SCHWARZ

DIE KUNST,
ALS MANN
BEACHTET ZU WERDEN

WIE MAN FRAUEN,
KINDER UND DIE EIGENEN ELTERN ERZIEHT

seitenstraßen|verlag

»In einer Zeit des Wahnsinns anzunehmen,
daß man der einzige normale Mensch auf der Welt sei,
ist natürlich selber eine Form von Wahnsinn.«

Saul Bellow
(nicht mein Hund)

3. Auflage, Februar 2014
Originalausgabe, Juni 2005
© by Seitenstraßen Verlag GmbH, Berlin
Titelbildillustration: Davor Bakara
Satz: Inka Baron
Druck: besscom, Berlin
ISBN 978-3-937088-02-0

ZUERST

Mein Name ist Stefan Schwarz. Ich bin jetzt vierzig Jahre alt und hatte einmal fast schon Blut im Urin. Es war aber doch nur, weil ich vorher Rote Bete gegessen hatte. Eine Freundin habe ich leider nicht mehr, weil ich meine Freundin geheiratet habe. Meine Frau dreht den Hitzeregler immer auf zehn, wenn sie Haferbrei für die Kinder macht. Ich dreh' ihn immer auf sieben. Bei meiner Frau brennt der Haferbrei immer an und bei mir nicht. So geht das jetzt schon Jahre. Ich liebe meine Frau, obwohl es in puncto Haferbrei ein bißchen mühsam ist. Ich bin der Vater des Sohnes, den der Klassenlehrer in der Elternversammlung immer meint, wenn er »hier keine Namen nennen will«. Meine Tochter sagt gerne: »Du bist Kacki!« zu anderen Menschen. Mein Lieblingsmusical ist »My fair Lady« und mein Lieblingsfilm ist »Fight Club«. Neulich hat sich herausgestellt, daß ich keine Hunde malen kann. Das ist alles sehr schwer zu erklären, aber ich versuche es trotzdem …

INHALT

WENN FRAUEN SO SCHAUEN

DÜSTERER AUSBLICK
ODER WIE MEINE FRAU MICH ZUM
FENSTERPUTZEN MOTIVIERT

»Meine Sehkraft läßt nach!« sagte ich eines Morgens zu meiner Frau oder zu dem, was ich dafür hielt. »Paßt ganz gut«, antwortete meine Frau zufrieden, »ich seh' heute auch nicht so doll aus.« »Siehst du da draußen den Vogel im Kirschbaum? Den sehe ich nur ganz grau!« »Mach dich nicht fertig! Wahrscheinlich ein grauer Star«, entgegnete meine Frau zu meinem blanken Entsetzen. Ich sprang auf und lief ans Fenster. »Es wird nicht mal besser, wenn ich ganz dicht rangehe …« Meine Nase berührte schon die Glasscheibe. Nichts zu machen.

Als ich mich umdrehte, prustete die Trollprinzessin ihren Birnensaft über den Tisch. Auf meiner Nase war ein Fleck, und zwar genau jener, der jetzt an der Fensterscheibe fehlte. »Wir müssen schleunigst die Fenster putzen«, sagte meine Frau. »Laß uns noch ein halbes Jahr warten«, erwiderte ich schnell, bevor sich meine Frau an den Gedanken gewöhnte. »Sieh mal, das hat die Natur nicht umsonst so eingerichtet, daß die Fenster über den Winter schmutzig werden. So sind wir in der warmen Jahreszeit vor allzu heller Sonneneinstrahlung geschützt.« Meine Frau sah meinen Sohn an, mein Sohn sah meine Frau an, die Trollprinzessin sah rätselnd beide im Wechsel an, dann sahen sie alle zu mir. »Zu spät. Die Sonne scheint bereits einen größeren Schaden angerichtet zu haben«, sagte meine Frau, und meine Kinder nickten frech.

Ich hege einen nicht geringen Widerwillen gegen das Fensterputzen, der daher rührt, daß alle Menschen sich einbilden, Fensterputzen wäre eine Hausarbeit. Fensterputzen ist aber genausowenig eine Hausarbeit wie operative Nasenkorrektur eine Hausarbeit ist. Kurz: Wenn man es alleine und ohne gehörige Vorkenntnisse macht, sieht es nicht nur einfach schrecklich, sondern sogar schlimmer aus als vorher. Beim nächsten Sonnenaufgang begrüßen einen Fettschlieren auf den Scheiben, als hätte man die Fenster mit einer Speckseite gewienert. Grobkörniger Schmutz hat sich trotz dreier separater Eimer unters Wischwasser gemischt und kratzt einen beim Trockenputzen in den nackten Wahnsinn. Ein bezahlter Fensterputzer ist da immer die beste Wahl, aber ich wohne in einer Art Gewächshaus, und ich möchte nicht als verarmter Greis enden, der im städtischen Siechenhaus den Pflegerinnen mit seiner ewigen »Aber meine Fenster hätten Sie sehen sollen, Frollein. Immer blitzblank«-Litanei so lange den Nerv tötet, bis die Pflegerinnen aus Versehen meine Medikamente überdosieren.

»Du hast ja recht«, beschwichtigte ich meine Frau, als sie aufs Äußerste hochgekrempelt und mit Leiter, Eimer und Lappen bestückt in der immerhin schon vier riesige Fenster umfassenden Küche erschien. »Aber schau, der Dreck liegt bereits sehr dick auf den Scheiben. Nicht mehr lange, und er wird schon der Schwerkraft wegen abfallen!« Meine Frau würdigte mich keines Blickes und stieg energisch mit schwappendem Eimer die Leiter hinauf. »Du mußt nicht mithelfen …«, sagte sie voller Verachtung und begann ächzend besonders mühsam zu putzen, um mich zu beschämen. »Soll ich dir das Radio herstellen, damit du ein wenig Musik hast?« versuchte ich noch, mich im Rahmen meines Ehrgeizes nützlich zu machen. Wortlos langte meine Frau an der Spitze der wackligen Leiter in gefährlich großen Bögen mit dem Lappen über die Fenster. »Beim Fensterputzen muß einer immer unten stehen bleiben und gucken, wo noch Schmutz übriggeblieben ist«, erklärte ich meinem Sohn bedeutsam, der aber nichtsdestotrotz gerade seinen ganzen Lebensentwurf auf das Leitmotiv »Ich will niemals so werden wie Vati!« umstellte.

Dann geschah es. Bei einem besonders gewagten Putzmanöver meiner Frau kippte die Leiter. Geistesgegenwärtig hielt sie sich an den Gardinen fest, die ihr allerdings nur für einen sehr kurzen Moment Halt zu geben vermochten. Doch es reichte, um meiner sportlichen Frau den Absprung an die Oberkante des Küchenschranks zu ermöglichen, der nun wiederum unter diesen neuen Belastungsverhältnissen die aufrechte Position nicht länger aufrechterhalten konnte und vornüber fiel. Zum Glück für meine Frau, mich und unsere Kinder stand neben dem Küchenschrank mein altes Singlesofa, das nun den Sturz beider abfing. »Alles in Ordnung«, hörte ich meine Frau eine Sekunde später unter dem Küchenschrank lügen. Dann flog der Küchenschrank, freilich ohne das am Boden zerborstene Geschirr, dank der alterungsbeständigen Schenkelkraft meiner Lieblingshürdensprinterin von 1988 in seine alte Position zurück.

»Schluß jetzt mit dem verfluchten Fensterputzen!« rief ich aus, während meine Frau sich mit schmerzverzerrtem Gesicht erhob. Doch anstatt in meine für diesen Zweck extra ausgebreiteten Arme zu fallen und endgültigen Abschied von diesem törichten Vorhaben zu geloben, rieb sich die Liebste nur kurz die beinah ausgekugelte Schulter und stieg wütend, zerkratzt und zerdellt auf die wieder einigermaßen hingestellte Leiter. Zwischen den Zähnen den Eimerhenkel, da sie mit der rechten Hand noch nicht wieder richtig greifen konnte, und mit der ungelenken Linken im wahnsinnigen Versuch, das Fensterschrubben fortzusetzen. Dann endlich schritt ich zur Tat, nahm ihr das Wischzeug ab und putzte, ohne noch einmal zu murren, alle Fenster der Wohnung.

Und so macht sie es immer, wenn ich mal partout keine Lust zu irgendwas habe! Die Hälfte meiner widerwillig ausgeführten Tätigkeiten gehen auf den »Dann mach' ich es eben allein«-Terror meiner Frau zurück. Indem sie ihr persönliches Wohlergehen mit meiner Einstellung zur Hausarbeit verknüpft, verkürzt sie den ansonsten sehr umständlichen Prozeß der männlichen Entscheidungsfindung auf bloßen Gehorsam. Wenn man sich zwischen »Dieses Wochenende muß ich alle Fenster putzen« und »Von nun an muß ich meine Frau im Rollstuhl schieben« entscheiden muß, wird alles wunderbar leicht. Meine Freunde wissen das freilich nicht und wundern sich, wie aus einem so pathologisch antriebsschwachen, grundfaulen Typen, der sich noch beim Studentenpraktikum vor einer Handvoll gewaltbereiter Tagebaukumpel mit der Äußerung »Braunkohleabbau ist doch Weiberarbeit!« hervortat, eine so eilfertige Dienernatur werden konnte. »Bist du dir auch ganz sicher, daß du deine Kette auf diesem Autobahnparkplatz verloren hast, Schatzi? In den Güllecontainern der beiden Dixi-Toiletten war sie jedenfalls schon mal nicht!« Im Gegenzug ist meine Frau relativ widerstandsfähig, was meine eigenen Erpressungsversuche betrifft. Nicht daß meine Frau nicht auch mal keine Lust zu irgendwas hätte, aber wenn ich dann sage: »Dann mach' ich es eben alleine!«, kuschelt sie sich nur um so fester in ihr Kissen und murmelt schläfrig: »Aber nicht so laut!«

LANGE UNTERHOSEN IN ÖL

In der dunklen Jahreszeit, wenn viele Menschen schwermütig und jammerläppisch werden, hat meine Frau am meisten zu lachen. »Ich könnt' mich echt beölen!« prustet sie den Badezimmerspiegel voll, wenn ich morgens würdevoll vor das Waschbecken trete, und das, obwohl das echte wie vorgetäuschte Beölen ihres Leibes eigentlich in meine starken Hände gehört. Der Grund: Ich trage lange Unterhosen.

Das ist sehr ungerecht. Wenn Frauen ihre Schenkel mit Blickdichten oder Fischernetzgeweben bekleiden, erwarten sie standardmäßig offene Münder und spontane Fortpflanzungsangebote. Wenn aber ein Mann seine oft viel wohlgeformteren Beine in Langwäsche steckt, gilt das auch bei humormäßig schwer entflammbaren Menschen als Riesenbrüller. Ich seh' aber gar nicht ein, warum ich mir draußen im Winterfrost eine Reizblase anfrieren soll, nur damit ich morgens für zwei Minuten als schlafkrummer Adonis im Knappmieder durch die Wohnung schlurfen kann. »Du wirst die Motten kriegen in deinen langen Kameraden!« verbreitet meine Frau vor den Kindern grob Irreführendes über die Entstehungsbedingungen der gefürchteten Schädlingsfalter, und um mich noch ärger zu hanswursten, dreht meine Frau beim Frühstück das Radio lauter, als der Moderator die zwei, drei Plusgrade als artfremd für den deutschen Januar denunziert.

Ich kann's nicht mehr hören. Für die Jahreszeit zu warm. Für die Jahreszeit zu kalt. Ich bin froh, daß ich keine Jahreszeit bin. Ich würde reineweg verrückt werden. Jeden Tag muß sich das arme Wetter was Neues einfallen lassen, aber die Herren von der Mittelwertkommandantur des Meteorologischen Dienstes stehen immer nur mit Rümpfnasen vorm Thermometer und schütteln den Kopf. Zu warm. Zu kalt. Das soll ein Winter sein? Da können wir doch nur lachen. Der Frost ist ja gerade noch so im Toleranzbereich, aber die Niederschlagsmenge … Für die Jahreszeit eindeutig zu trokken. Tut uns leid. Kommen Sie morgen wieder.

Wenn ich eine Jahreszeit wäre, würde ich an der Wetterwarte die Temperatur auf 80 Grad Celsius unter Null stürzen lassen, daß der Meteorologe, der gerade mit der Rundfunkstation telefoniert und eben wieder oberlehrermäßig die Witterung abkanzeln wollte, mit der Zunge an den Zähnen festklebt. Und dann würde ich ihm ins schockgefroren-abbrökkelnde Ohr flüstern: »Sag ›zu kalt‹! Los, sag doch ›für die Jahreszeit zu kalt‹!« (Meine Jugendfreundin Gaby wollte übrigens leidenschaftlich gern Meteorologin werden. Wurde aber nicht genommen. Wahrscheinlich war ihr Zensurendurchschnitt nicht durchschnittlich genug.)

»Mit der bedenklichen Hosenwärme hat deine Frau aber irgendwie recht«, entsolidarisiert sich beim Nachmittagstee der Vater der kleinen Lleouisieohashae (nein, ich bin nicht auf der Tastatur eingeschlafen, das ist ein Mädchenname aus dem fröhlichen Irland – na, da werden sich später aber die Liebesbriefentwürfe im Papierkorb häufen), »die Keimdrüsen des Mannes müssen eher kühl gehalten werden, sonst leidet die

Qualität des Spermas.« Da stehe ich in der Küche in mollig warmen Unter- und Oberhosen und blicke durch den Flur, wo meine und seine Tochter mit Schokoladenfingern kichernd auf die Tapete krakeln, und sage sehr ruhig und sehr entschlossen: »Ich brauche kein Qualitätssperma mehr. Ganz bestimmt nicht!«

SPIELWUT

Meine Frau und ich sind ein Liebespaar. Da ist nichts zu machen. Es ist ein Gekuschel und Geschmuse bei uns daheim, daß einem ganz wuschig wird. Ich muß mir meine rechte Wange schon immer mal mit Franzbranntwein einreiben, damit ich sie mir abends im Schoß meiner Frau nicht wund liege. Manchmal schläft die Angebetete auch beim Fernsehen ein, und dann erhebe ich mich leise und trage sie zärtlich zu Bett, damit sie nicht noch mal aufwachen muß.

Na gut, das war jetzt ein bißchen gelogen. Natürlich könnte ich meine Frau irgendwie ins Bett schleppen, aber das Schlafzimmer dürfte nicht weiter als drei Meter vom Wohnzimmer entfernt und müßte auf geradem Weg erreichbar sein, und außerdem sollte sie vorher wirklich sehr schwere Schmerz- und Betäubungsmittel bekommen haben, damit die Holde beim Umreißen der Stehlampe und dem Anrempeln der Türen nicht doch noch aufwacht.

Aber ansonsten geht es bei uns zu wie bei Mireille Matthieu im Schlager. Und das aber nicht zwei Minuten dreißig, sondern 23 1/2 Stunden am Tag. Die übriggebliebene halbe Stunde hat es allerdings in sich und umfaßt für gewöhnlich die Endphase gemeinsamer Sport- und Familienspiele. Kurz gesagt: Wir können beide nicht besonders gut verlieren! Eigentlich können wir beide überhaupt nicht verlieren, was auch psychologisch ungeschulte Naturen zweifelsfrei und von weitem erkennen können. Außenstehende sind von diesen Wutausbrüchen ohnehin oft unangenehm berührt. Wobei Unangenehmberührtsein sicher nicht ganz präzise die Empfindungen des im Unterholz herumschnüffelnden Hundes beschreibt, der im Sommer meinen Tischtennisschläger abbekam, den ich nach einer unverzeihlichen 24:22-Niederlage gegen meine Frau ins Gebüsch feuerte. Anders als es das Sprichwort vorschreibt, bellte der getroffene Hund aber nicht, sondern machte ein seltsam fiependes Geräusch, das ahnen ließ, daß sich das mit dem Gassi-Gehen nun ein für allemal erledigt hatte. (Dagegen war der Hundebesitzer völlig außer sich, wie Hundehalter ja sowieso dem Zerfleischen und Ausbluten eines gerade gerissenen Joggers durch ihre schwerhörigen Bestien eher achselzuckend zusehen, aber sofort die Polizei rufen, wenn ihr Struppi mal falsch herum gestreichelt wird.)

Eingeweihte Bekannte von uns hingegen reagieren vorausschauender, wenn meine Frau beim Skat-Spielen zum Beispiel entgeistert auf eine von mir arglos ins Spiel gestreute blanke Zehn starrt. Ihre bestürzte Frage »Ich glaub's ja nicht! Wo kommt denn die jetzt plötzlich her?« zielt ja auch nicht wirklich auf eine Antwort, sondern ist nur eine Art verbales Luftholen, in dem der geschulte Hausfreund und dritte Mann die Rotweingläser in Sicherheit bringen kann. Denn schon mit dem furiosen »Dann können wir das auch alles lassen! Wenn du hier spielst wie ein Volltrottel!« regnet ein Niederschlag aus Skatkarten und Kartoffelchips durchs Zimmer. Oft schlägt dann der Unparteiische ängstlich den Abbruch des Spieles vor, was aber nur dazu führt, daß nun wiederum er tätlich bedroht und mit erhobener Rotweinflasche gezwungen wird, noch weitere Runden Revanche mitzuspielen.

Im Grunde wäre alles ganz einfach, wenn nur der Klügere nachgeben würde. Aber wer bringt in einer solchen gespannten Situation gegenüber dem rasenden Verlierer schon den Mut auf anzudeuten, daß er nicht nur der Bessere, sondern auch noch der Klügere ist? So müssen wir einfach ein bißchen warten, bis die Wut verraucht ist und wir uns wieder schmusend auf dem Fernsehsofa einfinden, wo meine Frau manchmal einschläft, weil wir keinen Ton zum Bild haben, seitdem ich nach dem Schachspiel einen Schuh in den Lautsprecher geschmissen habe.

ALS ICH NOCH EIN FEUERWERK WAR

Meine Frau in neuen Stiefeln. Sie sah absolut phantastisch damit aus. Sie schritt wie ein Engel durch den Schuhladen: Der Mantel wehte um ihre prächtigen Schenkel, das Wallehaar wallte, und die Hüfte schlenkerte lasziv über das Gelenk, daß mir ganz Flamenco wurde. Tolle Sache das. Ich sagte es ihr aber nicht.

Ich dachte, nachher kommt sie noch rübergelaufstegt und küßt mich huldvoll auf die Stirn. Und zwar von oben. Mit den Dingern war sie einen halben Kopf größer. Ich wollte den grandios aufreizenden Effekt nicht durch eine derart entmannende Geste ablöschen lassen. Das konnte meine Frau freilich nicht wissen, und deshalb meinte sie spitz voll Schulterblick: »Früher hast du mir wenigstens noch mal ein Kompliment gemacht …« Ich atmete vielsagend ein, aber nur, um gleich wieder besonders nichtssagend auszuatmen. Sinnlos, sich zu wehren. Man redet sich nur vom Muffel zum Trottel. Gegen den Mann, der man »früher« mal war, hat man keine Chance. Für Frauen in der »Früher hast du noch«-Verstimmung kommen die Blumen immer einen Tag zu spät, und die Wurst steht nur noch lieblos in der aufgerissenen Verpackung auf dem Tisch. Und selbst wenn man seine Liebste mal überraschend ins Hohlkreuz knutscht, wird man höchstens als »oller Quatschkopf« ausgelacht oder, schlimmer noch, schräg angeguckt, ob das plötzliche Schmachten nicht doch von der Tatsache ablenken soll, daß man mit der aktuellen Praktikantin Praktiken praktiziert hat.

Warum nur tun Frauen ab einem bestimmten Zeitpunkt so, als sei man früher ein galantes Silvesterfeuerwerk gewesen und heute nur ein ausgebrannter Pappkamerad? Der Vergleich enthält die Erklärung: Wenn Männer Frauen Blumen schenken, dann nur, weil sie mit ihnen leben wollen. Wenn Frauen mit Männern leben, dann nur, um Blumen geschenkt zu bekommen. Die Männer, die das natürlich nicht ahnen, steigen in der Werbephase oft viel zu hoch ein. Wer aber erst einmal Rosenblüten aufs Bett gestreut und selbstgeschriebene Gedichte verschickt und Sternenhimmel über Dächern aufgesucht hat, kann dieses Niveau unmöglich halten.

Das Herzklopfen muß ein Ende haben, sonst liegt man irgendwann beim Kardiologen. Irgendwann muß die bloße Anwesenheit des Mannes Applaus genug sein. Aber sei's drum. »Mir fehlen einfach die Worte, Schatz! Ich komme mit den Komplimenten gar nicht mehr hinterher! Der Gelegenheiten sind so viele geworden. Ich müßte meinen Beruf aufgeben, um dich angemessen zu loben. Willst du das?« antwortete ich endlich und erntete eine hochgezogene Augenbraue.

Weil sie nun aber doch so hinreißend aussah, beschloß ich, die Schöne in den Langschäftern am nämlichen Abend mit einer Reihe von Aufmerksamkeiten auf mich aufmerksam zu machen. Ich ging mich rasieren, epilieren und vertikutieren, besprengte mich dezent mit Schwachmachessenz und warf ein Magret von Entenbrust an grüner Pfeffersauce in die Pfanne, entkorkte einen mir gleichaltrigen Burgunder und stellte die Wohnung mit Kerzen voll. Die Schönste kam und sah und aß und sprach: »Lieb von dir, aber heute nicht. Ich hatte echt einen harten Tag!« »Früher hattest du nie harte Tage«, rächte ich mich. Umsonst.

DIE UNWÜRDIGE BEHANDLUNG
KRANKER MÄNNER

Gerne fahren wir ins Vorpommernland. Eine Schwester der Frau bewohnt dort ein Fachwerkhäuslein mit einer künstlich angelegten Wildblumenwiese davor, die so natürlich aussieht, daß die anderen, die natürlichen Wildblumenwiesen dagegen irgendwie schäbig aussehen. Leider wissen nur ganz abgebrühte und danach noch ausgekochte niederdeutsche Trockenrasen-Botaniker, daß diese Wildblumenwiese nicht von Mutter Natur, sondern von Mutter Frauenschwester zusammengesellschaftet wurde.

Deswegen latschen immer noch Bauern und Bauherrn und andere Besucher mit breiten Gummistiefeln geradewegs über die Wildblumenwiese, weil sie denken, hier habense noch nüscht gepflanzt, is ja noch alles voller Unkraut. Die Schwester der Frau schreit dann spitz aus dem Fenster: »Um Himmels willen, der Helmblättrige Stendelwurz!«, und der Übeltäter bleibt erstarrt genau auf dem verröchelnden Stendelwurz stehen und muß mit Nachbars Hobbybagger aus dem Vorgarten gehoben werden, weil es in dem losen Grün, bei Lichte betrachtet, keinen Zentimeter gibt, worauf keine würdige Blütenpflanze wächst. Es sind doch alles Mitgeschöpfe.

Diesmal aber war der Ausflug ins Grüne von grünem Auswurf begleitet. Ich war krank. Mitgeschöpfe aus dem Reich der Bakterien hatten es sich in meinen Bronchien bequem gemacht, und ich bellte schon beim Aussteigen aus dem Auto so gewaltig, daß alle Dorfköter ihre Alpha-Rüden-Ambitionen erschrocken fahren ließen.

Wenn aber ein Mann in Gesellschaft krank wird, hat er nur zwei Möglichkeiten: Entweder läßt er sich nichts anmerken, lacht matt zu allen Scherzen, nippt freundlich an seinem Getränk und geht nachher leise zum Sterben in die Besenkammer, oder er bekennt, daß ihm unwohl ist, wozu ich freilich nicht raten kann, denn dann läuft ein dreistufiges Programm ab, das auch im hintersten Vorpommern seine Gültigkeit hat.

Erste Stufe: Das Verlachen. »Ach, Männer!« jubilierte die Frauenschwester herzlich, als ich erneut im Hustenkrampf am Tisch zusammenbrach. Sie zwinkerte meiner Frau zu: »Wenn die mal ein Kratzen im Hals haben, geht gleich die ganze Welt unter. Die müßten mal Kinder kriegen, was?« Ich wollte was sagen, aber weil Gefahr bestand, daß ich meiner Schwägerin dabei komplett die Naturlocken aus der Frisur husten würde, schwieg ich kurzatmig.

Nachdem die ausgebreiteten Urlaubsfotos etliche Male komplett wieder vom Küchenboden aufgelesen werden mußten, beschloß die Frauenschwester, mich zu kurieren, was die zweite Stufe einläutete: Die Zwangsheilung. »Wollen doch mal schauen, was für Medizin du brauchst!« rief die Schwägerin, die von Beruf zwar Physio-, von Berufung aber eigentlich Totaltherapeutin ist, und hieß mich in die Käferstellung fallen, von wo aus sie mich einige Präparate nacheinander in die Faust nehmen ließ und heilturnerisch auf meine Extremitäten einschlug, um per Nervenreaktion herauszufinden, was davon gut für mich sei. Während ich noch überlegte, daß ich mit dieser Methode sicher auch zehn Jahre eher die richtige Frau hätte finden können (»Weißt du, ich mag dich, aber bei mir zuckt einfach die Oberschenkelnervenbahn nicht, wenn ich dich in die Hand nehme!«), erklärte die weise Schwägerin: »Alles klar. Nimm Zink und Jod und morgen …«

War ich tot. Ich gliederschmerz-fieberte und röhrenschleim-hustete, was das Zeug hielt. Wer sich aber derart der Heilung verweigert, dem bleibt eigentlich nur noch Stufe drei: Das Vergessen. Mit ein paar schnöden, einfallslosen Antibiotika vom Doktor bewaffnet, schlief ich durch das Wochenende, unbehelligt und verdunkelt. Die Verwandten verwandten ihre Zeit für anderes. So wurde ich gesund.

BEZIEHUNGSROUTINE
ODER »DU BIST FÜR MICH LUFT«

Ich bin nun nicht mehr in dem Alter, in dem man vor Erfahrungshunger mit den Füßen wippt. Die meisten Erfahrungen habe ich schon gemacht oder zumindest davon gelesen. Meine Tage verlaufen erwartungsgemäß. Das ist aber genau der Punkt, an dem das Wohnen aus dem Wortstamm dicke Wurzeln schlägt und zur Gewohnheit wird.

So ging ich unlängst nach dem Zähnebürsten aus dem Bad und löschte das Licht, als ein durchdringendes Murren ertönte, welches sich durch ein kurzes Intermezzo von Gurgeln und Spucken zu einem lauten Schrei fortentwickelte. Ich drehte grübelnd um, schaltete das Licht wieder an und öffnete vorsichtig die Badezimmertür, was nicht verhinderte, daß ich einen Waschlappen ins Gesicht bekam. Meine Frau stand mit Schaum vorm Mund am Spiegel (was aber ursächlich mit der Zahnpasta zu tun hatte) und klagte: »Ich bin wohl völlig Luft für dich?« Ich bejahte unschuldig. »Du bist für mich Luft, aber nur die Art von Luft, die ich zum Leben brauche.«

Da meine Frau ungewöhnlich gut koordiniert ist und mich mit Gegenständen bis etwa 30 Kilogramm (also nicht nur Waschlappen, sondern bei Bedarf auch -becken) auf alle Entfernungen, die ich in der Kürze zu sprinten imstande wäre, zuverlässig trifft, zerbiß ich mir eine Reihe von ähnlich begnadeten Repliken auf der Zunge und versuchte eine erste

Erklärung. »Ich bin sonst immer der Letzte im Bad, und der Letzte macht das Licht aus.« Mein Leben verlaufe in so eingefahrenen Gleisen, daß jeder überfahren würde, der sich mal zufällig dazwischenstelle, meinte sie. Tatsächlich gibt es einige mir eigentlich nur halbwegs bekannte Menschen, die von mir ausgiebig und feucht zum Guten Morgen geküßt wurden, weil sie besuchshalber ungekennzeichnet (orangefarbene Plastejacke, Warndreieck, Rundumleuchte) auf dem Frühstücksplatz meiner Frau saßen. Ich hab' sogar mal meinem Chef ein barsches »Und benimm dich!« hinterhergerufen, bloß weil ich ihn mit dem Auto mitgenommen und zufällig in der Nähe des Kinderspielplatzes abgesetzt hatte.

Das ist natürlich etwas peinlich, aber andererseits entlasten automatisierte Handlungssequenzen das Hirn, und mein Geist hat wahrlich Besseres zu tun, als bei jedem Schnulli gegenwärtig zu sein. Und doch hatte auch meine Frau recht, denn gerade in gut geführten Haushalten kommt es schnell mal zu Routine-Exzessen. Ich habe nämlich auch schon gewaltig Krach geschlagen, weil das Brötchenaufschneidemesser »weg« war. Es lag dann doch – freilich unauffindbar für den Tunnelblick eines Mannes vom Tischsittendezernat – nur auf der anderen Seite vom Brötchenkorb. Eine kluge Frau nimmt so was selten wirklich übel – eben solange sie selber noch vom Inventar ausgenommen ist. Wehe jedoch, wenn man ihr auch nur beim Verlesen des Einkaufszettels nicht mehr Wort für Wort an den Lippen hängt oder nicht just in dem Moment Kaffee nachschenkt, wenn sie die leere Tasse abstellt. Die Zeitungsmeldung, daß der Dritte Weltkrieg ausgebrochen ist, kann warten, eine geliebte Frau nicht. Dabei bin ich treu wie Gold und sehe andere Frauen nicht mal an. (Okay, es sei denn, sie haben außergewöhnlich gepflegte Fingernägel oder einen Silberblick oder ein entzükkendes Diastema, tragen schulterfreie Futteralkleider, laufen die 400-Meter-Hürden unter einer Minute oder sprechen norddeutsch, eben der ganze erotische Kleinkram, an dem sich die reife Libido des erwachsenen Mannes ausspinnt, wenn sich die üblichen »Sekundärmerkmale« mal ausfasziniert haben.) »Du mußt dir einfach so'n Infrarot-Lichtschalter ins Bad bauen, dann kann das nicht mehr passieren«, riet mir der in der Routineproblembekämpfung wesentlich routiniertere Schwiegervater.

WENN MEINE AUSSTRAHLUNG NACHLÄSST

Daß ich so toll aussehe, verdanke ich nur meiner Ausstrahlung. Rein körperlich betrachtet, bin ich eigentlich nicht so schön. Um ehrlich zu sein, hat meine Ausstrahlung ziemlich zu tun, meine Mängel zu überstrahlen. Deswegen fällt meine Ausstrahlung auch komplett in sich zusammen, sobald ich nach Hause komme. »Wie du rumläufst …«, murrt meine Frau dann, »du müßtest dich mal sehen!« Dann tut mir meine Frau ein bißchen leid, weil sie mich so sehen muß, aber im Gegenzug bin ich ziemlich froh, daß mir dieser entsetzliche Anblick erspart bleibt. Wenn meine Ausstrahlung nachläßt, habe ich nämlich zum Beispiel so gut wie kein Kinn. (Mein Gesicht wurde wahrscheinlich von oben her zusammengesetzt, und als sie endlich beim Kinn ankamen, stellten sie fest, daß sie die dazu benötigte Masse schon bei der Nase verbaut hatten. Das sieht vielleicht aus, kann ich Ihnen sagen …) Kinnlosigkeit mag beim scharfen Zurückweichen bei Kneipenprügeleien den entscheidenden halben Zentimeter Abstand zum Knockout bedeuten. Bis auf diesen extremen Spezialfall ist das deswegen zu Recht so genannte fliehende Kinn jedoch evolutionär von Nachteil. Denn das männlich ausgebaute Kinn signalisiert Energie und Tatkraft.

Mein Kollege Lutz hat ein Kinn wie aus einem Marvel-Comic. Er sieht aus, als wäre der Mount McKinnley nach ihm benannt. Der kann rumfaulen, wie er will. Egal, ob er den ganzen Tag sein markiges Kinn dösend aus dem Fenster hält oder jüngeren Frauenspersonen seine geöffnete Kinnlade hinterherdreht, alle sagen: »Nein, dieser Lutz, was für eine energische Type. Wenn der was anpackt, dann packt er was an.«

Ich hingegen kann mich invalid rackern. Sobald ich mit dem Aktenstapel auch nur eine Sekunde vorm Lift stehenbleiben muß, heißt es gleich: »Da, der Schwarz, hängt wieder rum, der Schlaffi.« Dagegen ist schwer was zu machen. Klar könnte ich meine Kollegen endlich mal aufklären, daß es sich hier um denselben anthropologischen Fehlschluß handelt, wie ihn Männer zwanghaft bei Frauen mit großen Brüsten begehen. »Seht ihr denn nicht«, könnte ich entnervt im Großraum herumschreien, »daß Lutzens Kinn nur, nur … irgendwie … so was wie Brüste sind.« Der eine oder andere würde dann verstohlen die Nummer vom Betriebsarzt wählen, aber die Vorurteilsfreieren würden womöglich genauer hinsehen und zu erkennen glauben, daß das Kinn des Kollegen Lutz tatsächlich mit seinem Grübchen und den beiden Höckern dem weiblichen Busen en miniature verflucht ähnlich sieht. Aber die Klugen unter den Vorurteilsfreien würden verstehen, daß das mit den Brüsten bloß eine Analogie war. »Schwarz hat recht, Lutz hat uns die ganze Zeit getäuscht!« würde der Volkszorn losbrechen. »Er hat uns mit seinem Kinn an der Nase herumgeführt.« Dann würde er einen Aktenvermerk bekommen, und der Redaktionsleiter würde beim Personalgespräch gut vorbereitet sagen können: »Also, lieber Lutz, jetzt mal Kinn beiseite. Wie sieht's mit Ihrer Arbeitsmoral aus …?«

BRENNENDE GUMMIBÄRCHEN

Eitelkeit kann Leben retten. Ich erfreute mich gerade vorm Badezimmerspiegel meines beeindruckenden Körperbaus, als ich einen winzigen Gnubbel auf dem Schulterblatt entdeckte. »Eine sehr seltene Krankheit, der Schulterblattkrebs, hat diesen großen deutschsprachigen Dichter zu früh aus unserer Mitte gerissen ...«, hörte ich die trauerhallenden Worte des Bundespräsidenten.

»Das sieht nicht gut aus!« sagte meine Frau. »Du meinst, ich sollte damit zum Arzt?« »Wenn es in dem Tempo weitergeht, ist das Ding für dich gelaufen, ist dir das klar, du Idiot?« rief sie jetzt lauter. Ich war ein wenig über den rauhen Ton verwundert. »Wir sollten versuchen, uns bis zuletzt einen würdevollen Umgang zu bewahren«, sprach ich fest.

Da warf meine Frau wütend die Fernbedienung in die Sofaecke. Ich zog mein Hemd wieder an und drehte mich um. War ja klar. Im Fernsehen kniete keuchend ein ausgemergelter Haufen 5000-Meter-Läufer auf der Tartanbahn hinterm Zieleinlauf. »Der Kenianer hätte es schaffen können, wenn er früher angezogen hätte«, meinte die Liebste, ohne mich auch nur eines Blickes zu würdigen, und ich beschloß, sie während der Olympischen Spiele nichts Wichtiges mehr zu fragen.

Zu blöd. Hunderttausende Frauen sitzen verbittert in der Küche, weil ihre Männer lieber Sportschau glotzen, anstatt mit

ihnen Blumengestecke anzufertigen oder Quellwolken-Aqua-
relle zu tuschen, und der einzige sportfernsehabstinente
Traummann der Bundesrepublik ist an die geheime Fern-Trai-
nerin des Weltsportverbandes verloren. Nicht genug damit, ist
meine Frau auch noch die Tochter des Sport-Papstes im Exil.
Ich versuche schon immer, die Schwiegereltern-Besuche zwischen das Ende der Biathlon-Weltcups und den Start der ersten
Internationalen IAAF-Wettkämpfe zu legen, weil sich sonst
dem oberflächlichen Betätscheln der Enkel sofort ein dreistün-
diges Rundtisch-Gespräch zum Thema »Sven Fischers Atem-
rhythmus beim Stehendschießen in der Verfolgung« oder »Die
Krise des kubanischen Weitsprungsports nach dem Weggang
von Nationalmasseur Juan Olivieros« anschließt.

Ich kann da nicht viel beitragen, da meine sportliche
Unkenntnis getrost als Erbschaden angesehen werden darf.
Meine Mutter hält die Olympiade für eine griechische Brause,
und meines Vaters letzter Laufschritt datiert von 1956. Während also meine Frau und mein Schwiegervater das Stadion-
bild im TV beäugen, mache ich lieber Klimmzüge am Türreck
oder ziehe mir resigniert die Sneaker an und renne durch den
Auwald. Und zwar immer schneller. Bis eines Tages der Kom-
mentator ins Mikro brüllt: »Und auf der Außenbahn zieht jetzt
Stefan Schwarz vorbei, ein Ausnahmeathlet, der nach einer
schweren, von seiner Familie völlig ignorierten Schulterblatter-
krankung jetzt eine weltrekordverdächtige Zwischenzeit vor-
legt …, jetzt bleiben die Äthiopier und die Kenianer hoff-
nungslos zurück …« und meine Frau ungläubig starrend eine
Zigarette ißt und mein Schwiegervater sich ein Gummibärchen anzündet.

LANGZEITBEZIEHUNGSDEUTSCH

Was Musik betrifft, bin ich ein ziemlich geschmackloser Typ. Nicht, daß ich etwa ständig Musik hören würde, in welcher der Schulbesuch als nachrangig dargestellt, die generelle Verständnisbereitschaft der Eltern für die Heranwachsenden in Zweifel gezogen oder das Überschreiten der gesetzlich vorgegebenen Höchstgeschwindigkeit im Straßenverkehr zu reinen Erlebniszwecken propagiert wird, wie es in weiten Teilen der Rockmusik ja gang und gäbe ist, nein, ich habe einfach keinen besonders individuellen Musikgeschmack. Während sich andere meiner Altersgenossen bei der Frage, ob Mickey Fruzzle in der 1969er EMI-Einspielung von »Hairy Mother Mary« eine Fender Stratocaster-Gitarre spielte oder nicht, selbst noch bei Omas Aufbahrung in der Friedhofskapelle das Anzischen kriegen, muß ich an schlechten Tagen sogar bei Elvis seinem Nachnamen passen. Das sollte sich ändern. Ich würde meine Musikpubertät nachholen.

»Ich habe mir heute endlich das Weiße Album von den Beatles gekauft!« verkündete ich froh meiner Frau. »Aber hast du nicht schon eine Beatles-CD?« fragte sie mich mit unerbittlicher Beiläufigkeit in die Ecke zurück, aus der ich gerade hervorgekommen war. Nun geht es in den Gesprächen von Menschen, die sich schon sehr lange kennen, selten ums Wörtliche. Ins Langzeitbeziehungsdeutsch verdolmetscht fragte meine Frau nämlich: »Bin ich dir denn nicht mehr gut genug? Was geben dir diese Beatles, was ich dir nicht geben kann? Liebst du mich wirklich noch so wie am ersten Tag?« (Das wäre nebenbei ein irreführendes Datum: Am ersten Tag habe ich von meiner Frau einen derartigen Korb bekommen, da wären etwas weniger unerschrockene Husaren als ich aber sofort wieder zur ihrer Mutti gezogen. Und zwar für immer!) Hobbys, selbstbezügliche Freizeitbeschäftigungen, einkommensunwirksame Interessen stehen in einer Partnerschaft immer unter dem Verdacht, der Mann würde seine libidinösen Energien vom Weibe abziehen. Das stimmt aber nur bei sehr peniblen und eh schon vorher hormonell verschlammten Kugelschreibersammlern, die ihr Steckenpferd nur deswegen dauernd aus dem Stall holen, um nichts anderes mehr reiten zu müssen.

In Wirklichkeit möchte keine Frau mit einem Mann zusammen sein, der sich in seiner Freizeit nicht zu beschäftigen weiß und ständig nur an ihr herumschnurrt. Das hat damit zu tun, daß Frauen grob gerechnet nur etwa zehn Prozent mehr toll gefunden werden wollen, als sie sich selber toll finden. (Im schlimmsten Fall also hundertzehn Prozent!) Alles andere empfinden sie als Heuchelei oder als Fall für den Psychiater. »Ich möchte mich musikalisch weiterentwickeln, um dir auch noch in zwanzig Jahren ein anregender Gesprächspartner zu sein«, verteidigte ich mich wieder an sie heran. »Ich gebe dir mal besser eine Liste mit erlaubten Weiterentwicklungen«, entgegnete die Schöne im Luftblumenkleid, »du bist nämlich leider der Mann, der nach dem Beatles-Fan kam.« Traurig schlurfte ich fort durch die Diele, wo mir mein

Sohn entgegensprang. »Papa, weißt du, daß es jetzt Super-drill-Bey-Blades mit Kick-Funktion gibt?« »Hast du schon mal eine CD gesehen, die ganz weiß ist und die deswegen auch das Weiße Album genannt wird …«, fragte ich zurück.

P.S. Versuchen Sie jetzt aber um Himmels willen nicht, den o.g. Mickey-Fruzzle-Streit durch nächtelanges Studium Ihrer Rocklexika und Universaldiskographien zu entscheiden: Ich hab' mir das ausgedacht. Klingt aber irgendwie echt, nicht? Vielleicht sollte ich meinen Musikgeschmack auf Fälschungen kaprizieren, da ist man wenigstens mit Sicherheit der einzige, der Ahnung hat.

MEINE UNTERWANDERTE FREUNDIN

Das ist meine Party, und das ist Manon. Sie trägt ein Tüttelü-tütü in den Farben der Saison. (Es sieht aus, als wäre um sie herum eine Zellstoff-Fabrik explodiert. Ich weiß nicht, wie so was heißt, und ich glaube auch, es würde ein falsches Licht auf mich werfen, wenn ich es wüßte.) Und dazu passend San-daletten scandaleuse oder so ähnlich, und sie ist wie immer sehr, sehr aufgekratzt.

Ich stelle mir manchmal vor, wie sie einschläft: »O mein Gott, ich schlafe ein! Ist das abgefahren! Meine Augen sind zu. Ich fasse es ja nicht! (Schnarch)« Na ja, PR-Agentin. Als Manon mich sieht, zeigt sie mir ihre gebleichten Zähne und findet die ganze Party »unglaublich«. »Und sonst?« erkundige ich mich mechanisch. »Wie geht's mit deinem Freund?«

Daß irgend etwas an der Frage falsch war, merke ich sofort, denn als sie sich nach einer kurzen Drehung wieder zu mir wendet, sieht sie dermaßen verheult aus, als hätte sie die Wimperntusche mit einer Ketchup-Flasche aufgetragen. »Er ist so anders geworden!« ruft sie aus und wirft sich an meine Brust, um mein weißes Hemd mit ihren Tuschaugen zu bedrucken. »Ich hab' auch ein bißchen zugenommen«, beru-hige ich sie in der Hoffnung, daß sie die Fehldeutung erst rich-tig zum Übersprudeln bringt. Ein Beziehungsdrama, endlich! Ich war schon etwas mürrisch geworden über dem reibungslosen Langlauf aller Partnerschaften in meiner unmittelbaren Umgebung. Man erfährt ja überhaupt nichts mehr. Niemand kommt sich zu beklagen, sich zu betrinken und Zuspruch einzusammeln.

»Letzte Woche hat er es wieder getan«, schluchzt sie unter meinem väterlichen Rückenklopfen, während ich dem Thema Seitensprung in seiner ganzen Abgründigkeit entgegenfiebere. »Er hat zwar gesagt, er wolle nur einkaufen. Aber als ich runterkam, stand das Auto noch da.«

Seitensprung ohne Auto? Hastiger Sex mit der Nachbarin, noch im Flur, während drinnen der Gatte nackt in der Badewanne vergeblich nach seinen Sachen sucht und dauernd »Rosi, Himmel, wer ist denn das?« ruft. Nee, die Nerven hat er nicht. »Ich rieche es, wenn er es macht.« Geruch? Alkoholismus! Ah, trinkt heimlich. Versucht, sich nichts anmerken zu lassen, schafft es aber nicht mehr, den Eierkuchen in der Luft zu wenden, sondern klatscht ihn sich auf den Kopf.

Ich rüttele Manon aufrüttelnd an den Schultern. »Sprich mit ihm! Sag ihm, er soll eine Therapie machen.« »Eine Therapie? Weil er gerne wandert?« fragt Manon verwirrt. Das große Beziehungstheater läßt seinen Vorhang wieder fallen. Manons Freund hat bloß das Wandern entdeckt. »Er ist früher nie gewandert«, rätselt Manon. »Ob irgendwas mit unserer Beziehung ist?« »Vielleicht ist er einer von diesen ›Ich lass' lieber meine Symptome sprechen‹-Typen«, sage ich, »die auf fortschreitende Entfremdung mit entfremdendem Fortschreiten reagieren?«

Manon schneuzt sich, um besser zuhören zu können. Für Deutungen sind die Frauensleute ja zu haben. »Du meinst, wenn unsere Liebe zu Bruch geht, bricht er sich ein Bein?« »Es gibt noch eine andere Möglichkeit«, ergänze ich dunkel, »er ist schon immer ein Wanderer gewesen, und er wußte das. Ein Wanderer hat sich in dein Leben geschlichen. Jetzt läßt er die Maske fallen. Bald wird er von Auswandern sprechen.« Manon erschaudert.

GESTÖRT VOM FLIRT

In Frankreich ist es unüblich, jemanden zu sich einzuladen. Soiree im Café an der Chaussee ist okay, aber zu Hause – nee, nee, nee. Da ist der Franzmann eigen. Völlig zu Recht. Denn als ich an jenem Abend mit Bademantel, Taucherbrille und Schnorchel ächzend im Entengang vom Wohnzimmer zum Badezimmer watschelte, kam meine Frau mit einem Kollegen herein. »Das ... war ... mein Mann!« erklärte meine Frau konsterniert, wobei sie sehr bewußt beide Deutungen offenließ. Ich legte im Bad die Instrumente ab und gesellte mich so unertappt wie nur möglich zu den beiden in die Küche, wo schon die Rotweingläser gegeneinander klonkten. »Ich trainiere derzeit mein Lungenvolumen unter Belastung«, stellte ich mich vor, und der gefönte Kollege nickte sofort beflissen sein Verständnis herüber, obschon er mein Verhalten sichtbar unter sexueller Verirrung abgehakt hatte.

Ich kam auch gar nicht dazu, mich weiter zu rechtfertigen, weil sich der Kollege mit einem »Nun, wie ich eben erzählen wollte, wir also mit unserer Salsa-Gruppe ...« wieder sehr betont meiner Frau zuwandte, die vor Aufmerksamkeit blinzelnd an ihren Locken herumdrehte. Ich stand so unbemerkt da, als hätte ich eine Tarnkappe auf. Salsa, ha! Hüftreiben nach Musik. Fremdschmusen im Gummischritt. Das könnte dem elenden Frotteur so passen. Meine Frau indessen seufzte interessiert. Ich ging und kam im Unterhemd wieder, um mein »schon mal« Zähneputzen anzukündigen. Ohne Erfolg. Ich kam noch mal in Unterhemd und Unterhose, um zu sagen, daß ich nun bald zu Bett ginge, weil es schon sehr spät sei. Doch der Kollege erwies sich als hinweisfest. Erst als ich verkündete, daß ich vorm Schlafengehen noch die ganze Wohnung wischen müsse, verabschiedete sich Latin Lackaffe.

»Du hast geflirtet«, sagte ich schockiert zu meiner Frau. »Ja, ich finde ihn charmant«, zwitscherte meine Frau, »und attraktiv!« Sie hielt beschwipst ihren Weinkelch mit zwei Fingern am Stiel wie ein Ausrufezeichen neben sich. Ich wies sie darauf hin, daß in festen Beziehungen wie der unsrigen das Kennenlernen anderer Männer nur der Enttäuschung zu dienen habe sowie dem befreienden Glücksgefühl, den einzigen Traummann abbekommen zu haben. Da sagte sie: »Du bist aber nicht mein Traummann!«

Ich sah noch einmal in den Spiegel, wo aber nur ein hinreißender Vierzigjähriger in sehr beachtlichen Unterhosen herumstand, und fragte: »Sprichst du von mir?« Meine Frau bejahte mit einem scharfen Nicken und sagte hicksend: »Du kannst nicht mein Traummann sein. Mein Traummann würde niemals mit so einer wie mir rummachen, mit meinen entsetzlichen Augenringen, meinen dicken Oberschenkeln und meinen (sie nahm all ihren Mut zusammen) Hautunreinheiten!« Das Geheimnis der weiblichen Gattenwahl enthüllte sich vor meinen Augen. Ich war nach Zumutbarkeitskriterien gerastert worden. Ich – die Wundertüte unter den scheinbar Unscheinbaren. »Aber ich liebe deine Mischhaut«, sagte ich voll reifer Männlichkeit, »straffe, junge Dinger öden mich an!«

»Das mein ich doch«, schluchzte meine Frau, »du bist wahnsinnig.« Dann fiel sie mir an die gekräftigten Lungenflügel. »Kratz mich mal am Rücken«, schnupfte die Liebste, »nein, weiter oben und jetzt ein bißchen links.«

AUFREISSER IN LATZHOSEN –
WER NICHT WILL, DER HAT SCHON

Stefan Schwarz, der als Kolumnist arbeitet, trifft auf der Party seiner Zeitschrift die Sexgöttin der Redaktion und läßt sich – als alle gegangen sind – in ein Gespräch verwickeln

Beate: Du bist das also, Stefan, die grausame Feder, Schwarz – bist du süüüß! Gar nicht so der verhärmte Familienvater, wie man denken würde: Kinderspucke auf'm Hemd, Augenringe und vor Elend 'ne spitze Nase, weil deine müde Mami immer schon eingeschlafen ist, wenn du, nach Nightflight duftend, aus dem Bad geschlendert kommst. Mmmmh, du riechst so gut. *(Rutscht ran.)* Aber Amaretto geht gar nicht.

Stefan (rutscht ein Stück weg): Mein verderblicher Hang zu weibischen Getränken. Amaretto, Eierlikör. Meine Mini-Bars sind voll davon. Mit Schokowaffelbechern. Kleine unschuldige Waffelbecher, umhüllt von dunkler, seidig glänzender Schokolade. So ein bißchen wie dein Haar, Frollein Kruse!

Beate: Ha, ha. Du enttäuschst mich. War das da eben eine schon im Anfangsstadium elend abgesoffene Anmache?

Hast lange mit keiner Frau geflirtet? Armer schwarzer Kater. *(Berührt scheinbar zufällig sein Knie.)* Sex? Sexualität? Sagt dir das was?

Stefan (versucht erfolglos, sich aufzurichten): Geh mir doch weg mit Sex, Kollegin Kruse! Mit der Sexualität von heute ist es doch wie mit einem betrunkenen Mann, der im Bus vom Sitz gerutscht ist: Alle starren hin, alle tuscheln, aber keiner will was unternehmen. Zu meiner Zeit war das anders. Da hat man sich freiwillig für medizinische Versuche gemeldet, wenn mal eine Woche nichts lief. Heute ist der ganze Paarungskram *(verschüttet etwas von seinem Schoppen Amaretto)* echt zu hoch angebunden. Früher flog man in die Kiste, wenn man sich nicht gerade tödlich haßte. Einfach so, aus Langeweile. Heute ist das immer gleich ein Staatsakt …

Beate (schaut ihn skeptisch von schräg oben an): Dieser Ansicht bin ich allerdings auch. Immer gleich Liebe, Muschebubu und Pathos. Dabei ist Sex einfach nur entspannend und gesund. Ungefähr wie Joggen, nur mit Leuten.

Stefan: Heißt das: Joggen ist wie Sex – bloß ohne Leute? Aber stimmt schon, man muß auch fit sein für Sex. Das wird immer sträflich unterschätzt. Es gibt ja so Stellen bei den Frauen, da kommt man nur beim Steh-Sex hin. *(Stellt sich probeweise hin, setzt sich aber sofort wieder zurück auf den Barhocker. Beate Kruse ist ziemlich groß.)* Ich hatte jedenfalls noch nie Sex mit Leuten. Und wie ich die Leute kenne, bleibt es auch dabei. *(Ordert neuen Amaretto, schiebt ihre Hand von seiner Schulter.)*

Beate: Da hast du ausnahmsweise mal nichts verpaßt. Es gibt nicht viel, was weniger aufregend ist. Zwei Jungs, »ich bin doch nicht schwul!«, zuppeln an einer Frau rum. Man kann nur hoffen, daß die nicht kitzlig ist. Ich bin da, ehrlich gesagt, fürs Konventionelle. Stell dir vor, du hast eine nagelneue Geliebte erst zur »Liebe im Hängestütz« überredet und dann fallenlassen. Peinlich, peinlich! »Mal was Neues ausprobieren« kann ja ganz lustig sein, nur empfiehlt es sich, eine Stellung zu wählen, bei der man nicht nebenbei noch auf die Schrittfolge achten muß oder Muskeln beansprucht, die seit Jahrzehnten verkümmert sind.
Aber so weit muß man ja erst mal kommen! Wo kriegt frau denn in sehnsuchtsvollen Nächten einen her, der nicht völlig unter Niveau ist und trotzdem sofortigen Sex befürwortet? Jemanden, der nicht verklemmt, verheiratet oder depressiv ist.

Stefan: Na, da kann ich dir so auf Anhieb auch keine Adressen geben. Grußloser Blitzsex mit erfolgreichen Hochschulabsolventen ist leider von der Natur nicht vorgesehen. Daß die wirklich netten Männer immer so unentschlossen um die Frauen herumschleichen, hat ganz handfeste evolutionäre Gründe. Ein Mann muß beim Ansprechen einer Dame schließlich stets darauf gefaßt sein, daß er einen von 25 unpassenden Tagen erwischt hat. Das menschliche Paarungsverhalten steht auf dem Kopf. Das ist das Grundübel.

Überall in der animalischen Welt geht die offenkundigste Paarungsbereitschaft der Weibchen dem Werbeverhalten der Männchen voraus. Jede Kreatur außer dem Menschen darf davon ausgehen, daß die einsame Dame in der Bar nicht kontemplative Ruhe und Abgeschiedenheit über einem frostigen Gimlet sucht, sondern rollig bis zum Gotterbarmen ist. Seit sich der Eisprung des weiblichen Homo sapiens wegen des aufrechten Ganges ins Unsichtbare verkrochen hat, stehen die Männer aber im Regen. *(Schaut kurz hoch, ob sie noch da ist, doziert unerschrocken weiter.)*
Anders schon bei den Schimpansen im Zoo, wo selbst tierliebe Nonnen der nun wirklich unübersehbaren Tatsache, daß die knuddlige Sheeta heute wieder mal zu allem bereit ist, ins Auge oder noch wo schlimmer hinsehen müssen.
Gut, der verborgene Eisprung hat sicher enorm zur Zivilisation beigetragen, weil die Männer, angeödet von den überaus lausigen Begattungsaussichten, lieber Pyramiden bauten oder sich nach Vorderindien durchprügelten. Alles in allem ist erst mal ein bißchen reden, sich über die Monate immer wieder mal zum Frühstück treffen und vor dem ersten Sex wenigstens über fünf Jahre hinweg zusammen in Urlaub fahren eine gute Idee, um sicherzugehen, daß da was im Busch ist.

Beate: Alles Ausreden! Frauen haben fast immer Lust. Ich vermute, ihr Männer seid auch nicht mehr das, was Tarzan mal war. *(Schaut ihm auf den Schritt.)* Letztens hat in der finstersten Disko einer, mit dem ich gerade zehn Minuten zungengeküßt hatte, atemlos gefragt: »Und, bewegt sich dein Leben in guten Bahnen?« Menno, ich will geliebt werden! Die Jungs müssen doch denken, sexanbahnungs-technisch sei ein niveauvolles Gespräch ganz dringend notwendig. Dabei ist was ganz anderes notwendig. Es ist so leicht, Frauen zum Sex zu überreden. *(Berührt zum wiederholten Mal sein Knie, er schiebt die Hand unaufgeregt weg.)* Kannst du schon im Kamasutra nachlesen: Kaum ist es dunkel, haben Frauen Lust.

Stefan: Ist bei mir ganz anders: Kaum ist es dunkel, werde ich total müde. Meine Lustkurve ist ein Scherz der Natur – ich hab' immer dann am meisten Lust, wenn gerade keiner da ist oder nichts, wo man seine Hose ordentlich rüberlegen könnte.

Beate (wirft ihm von schräg oben einen vernichtenden Blick zu): Ein Wunder, daß es auf der Welt überhaupt hin und wieder noch Sex gibt. Entweder die Typen sind müde, oder sie sind besoffen, oder sie stellen sich grandios dämlich an. Soll ich gleich aus Fürsorge den Rock heben, oder fällt ihm das eine oder andere noch ein, was mir Lust bereiten könnte?
Ich weiß doch auch, wie Männer zu befriedigen sind, wieso wissen die nicht, was man mit Frauen so machen kann? Ich glaube, ich werde langsam zu alt für den Quatsch.

Stefan: Vielleicht bist du noch nicht alt genug? Das ist das Problem mit den One-Night-Stands. Beziehungen sind wie Teig, die muß man erst mal 'ne Weile gehen lassen. Etwas Riesengroßes gibt es nach meiner Rechnung so nach fünf bis zehn Jahren, wenn man sich wirklich eingespielt hat. Da sind die erotischen Systeme so aufeinander abgerichtet, da braucht dein Liebes bloß den Kaffeetropfen von der Tasse ablecken, und du kannst dich noch mal umziehen gehen. Okay, die Kinder sollten schon weg sein ...

Beate (lacht hämisch, nimmt einen großen Schluck): Tja, Hase, was sollst du auch sagen. Irgendwie mußt du ja rechtfertigen, daß du für den Rest deines Lebens nur noch Mutti die Schürze von den Schultern streifen darfst.

Stefan: Als Mann von 'ner Frau bist du doch in der Zwickmühle. Einerseits sollste in der Öffentlichkeit herb-männlich, kreuzgefährlich und super knackig aussehen, daß Verkäuferinnen vor lauter Schmacht den Blumenkohl mit 999999,99 Euro eintippen, Friseusen entrückt ihren Kundinnen die Hängebacken mitblondieren und Krankenschwestern die Blutdruckmanschette beim Opi zu Wasserballgröße aufpumpen, wenn sie Deiner ansichtig werden. Andrerseits aber am besten Latzhosen mit einem aufgebügelten Familienfoto tragen, einen blinkenden und hupenden Ring am Finger haben und nur mit Frauen jenseits der Siebzig sprechen. Kurz: Du sollst schon ein Aufreißer sein, aber einer, der sich zusammenreißen kann. Aus gutem Grund: Früher, wenn sich da der Bürovorsteher mit dem Fräulein Anneliese beim Betriebsausflug sozusagen vergessen hatte, war bei Indiskretionen doch höchstens das Fräulein Anneliese entehrt und besudelt. Kavaliersdelikt halt. Heute steht am nächsten Morgen im e-Mail-Verteiler:

»Doktor Köhler sabbert beim Sex und ruft nach Mutti!«
Alle gucken Doktor Köhler an, und Doktor Köhler versucht zu lachen, damit es wie ein Witz aussieht, doch jetzt breitet sich im Großraumbüro erst recht die überwältigende Gewißheit aus, daß der Abteilungsleiter seinen Speichelfluß nicht im Griff hat ... Das senkt die Seitensprungrate auf Jahrzehnte.

Andererseits, Verführendste, ist Sex mit fremden Frauen zu sehr Wundertüte für einen von Überraschungen zermürbten alten Mann wie mich. Nachher isses so 'ne Wilde. Oder so 'ne Schüchterne. Oder eine, die immer kichert. Was ich sagen will: Ich hab' es den ganzen Tag mit fremden Leuten zu tun, die will ich nicht noch in meinem Bett haben ...

Beate: Haha, die Geschichte ist gut! Ich hab', ehrlich gesagt, auch schon mal das Telefon lautgestellt, als mein Liebling der letzten Nacht im Großraumbüro angerufen hat. Ich kann mir nicht vorstellen, daß ich je den Aufwand scheue, daß mich das je nervt: Fremde Männer verführen. Wenn ich zehn Tage mit einem reden würde, könnte ich ihn doch nie so kennen wie nach ein paar Stunden Liebe. Ich bin süchtig nach dem Neuen. Wenn einer unter mir liegt – dieser überraschte Ausdruck, dieser weiche, wilde Blick. Das brauche ich. Ich würde übrigens nicht kichern. *(Rutscht ran.)*

Stefan: Weißt du was, Krusenstar, wenn sich immer alle beim Sex selber zugucken wollen, kommt man ja zu nix, da bleibt einem am Ende ja nur das Orgasmusheucheln. Wobei Heucheln ein ziemlich negativer Begriff ist, als gäbe es ein verfassungsmäßiges Recht, sich vom anderen einen ehrlichen, unverfälschten Orgasmus anzuhören.

Beate: Du bist mindestens so süß wie dein Gesöff. Ungeheuer süß sogar. Dieser Nacken, diese Ohren, diese Wimpern *(berührt ihn, er weicht unentschlossen zurück, trinkt den Schoppen Amaretto auf Ex)*. Hast du nie daran gedacht, eine Frau, mit der du seit Stunden an einer Bar gestanden und geflirtet hast, auf einen Kaffee einzuladen?

Stefan: Gedacht schon, aber auch schon verdammt oft falsch gelegen: Das Signalsystem von Frauen ähnelt doch stark den Flaggenzeichen eines volltrunkenen Matrosen. Die erste Lehre, die ein Mann von Frauen eingetränkt bekommt – also kurz bevor die instabilen Naturen für immer ins Irrenhaus abwandern –, lautet: Daß sie lächelt, hat nichts zu bedeuten; daß sie mit dir tanzt, hat nichts zu bedeuten; daß sie mit dir eng tanzt, hat nichts zu bedeuten; daß ihr euch gegenseitig beim Tanzen die Klamotten runterreißt, hat nichts zu bedeuten; die Tasse Kaffee oder die Flasche Whisky spät auf der Bude, das Proberekeln auf dem Wasserbett, alles völlig freistehende Dinge, die eine moderne Frau gerne macht, wenn sie Lust dazu hat – das hat nicht die Bohne mit dir zu tun, und vor allem heißt das nicht, daß du die Braut jetzt küssen darfst!
Aber Frauen fragen soll man ja auch nicht. Zum Beispiel: Äh, wie isses mit Sex? Willste mal poppen? Immer soll man bei Frauen alles spüren und den rechten Zeitpunkt, die schwache Sekunde erwischen …

Beate: Mein Gott, ja: Todesmutig ist man zwar auf einen Kaffee mitgegangen, aber wenn er dann wirklich Kaffee serviert, wenn er nicht zufaßt, wenn er nicht streichelt, meinetwegen unter dem Vorwand, Sex könne er eh nicht brauchen, »nur bißchen kuscheln, ja?« – wie soll man da von der kalten Küche ins heiße Bett kommen? Frauen wollen einen richtigen Kerl, einen, der sie ein wenig grob anfaßt, der klarmacht, die Show mit angetäuschtem Sex auf der Tanzfläche, erst strippen und dann gehen, kann man bei ihm lassen. Er soll sie in sein Bett tragen, und es ist völlig klar, wer in diesem Bett das Sagen hat.

So weit, so gut, nur am nächsten Morgen hätte sie anstelle des Primaten doch gern den Stubenhasen, der ihr die zerknitterte Bluse aufbügelt oder ihr zumindest einen guten Kaffee macht. Und da wird's wirklich schwer für Männer. Das sehe ich ein. Deshalb verabschieden sich Männer gern sofort nach dem Beischlaf.

Stefan: So ein Quatsch. Was sollen denn das für Männer sein, die nach dem Beischlaf allez hopp aus dem Bett springen und wegrennen? Ich schaff's danach nicht mal mehr mit der Hand zur Nachttischlampe.

Beate (sichtbar enttäuscht): Mein Gott, bin ich müde. War ein bißchen viel Sex für einen Abend – auch, wenn es sich gar nicht so anfühlt. Aber das ist ja meistens so. Ich hab' noch nicht mal mehr Lust auf einen Abschiedskuß … Ob ich trotzdem einen kriegen könnte?

Stefan: Lieber Händeschütteln! Oder mal richtig fest drük-ken! Das macht ja auch Spaß, wenn man es beherrscht …

Beate: Zahlen!!!

AUS DEN TROLLKRIEGEN

DIE ZORNKÖNIGIN
ODER DAS MORGENDLICHE FÜTTERN

Der Grand Prix für Unterhaltungskunst, und zwar in sämtlichen Sparten, geht an mich. Ich nehme die Siegerschale in die vor Rührung zitternden Hände und trage sie zu meiner Frau. »Sie hat alles aufgegessen! Nix mehr drin«, sage ich. Meine Frau guckt ungläubig in den Plastikteller ihrer Tochter. Es ist die erste Ganzfütterung eines anderthalbjährigen Kindes in Mitteleuropa seit der großen Hungersnot von 1710, und sie wird dem Mann, dem dies gelang, heute abend jeden Wunsch erfüllen. Erinnnern wir uns: In der ebenso müßigen wie häufigen Erörterung, welches unter allen schönen Kindesaltern wohl das allerschönste sei, wird die greuliche Anderthalbjährigkeit geflissentlich übergangen.

Das hat damit zu tun, daß Kinder in diesem Alter schon recht gut befehlen können, aber leider noch keine Anweisungen entgegennehmen. Eltern anderthalbjähriger Kinder würden lieber Fidel Castro das Zigarrenrauchen und hintendran noch den ganzen Sozialismus ausreden, als ihren Sproß im Buggy an einem gerade entdeckten Luftballon-Mann vorbeizumanövrieren. Im Falle der extrem anderthalbjährigen Trollprinzessin war nur die »Gesichtswurst« ausgegangen. Dieses physiognomische Meisterstück der Brühwurstmetzgerei hatte sich ihre hochwohlgeborene Ungekämmtheit zur einzigen Abendspeise erkoren, von der sie je nach Laune zwei, nie aber mehr als drei Happse nahm. Nun aber war die »Gesichtswurst« unverzeihlicherweise alle – und kurz darauf die Mama. »Bitteschön, Ihr Zeuge!« fauchte meine Frau beim Verlassen der Küche, während das Fitzmädchen tränenspritzend auf dem Tisch lag und »Gichtwuuust« brüllte.

Ich schnitt ein Bierschinkenbrot in trollmundige Bissen und setzte mich mit der Spielkiste bewaffnet zur Zornkönigin. »Kennst du schon die kleine Raupe Nimmersatt?« klemmte ich mich mit dem beliebten Pappbuch in den nächsten Spalt Aufmerksamkeit meiner Tochter. Statt einer Antwort schleuderte ein Becher Apfelsaft der Marke Superklebrig über den Tisch. Apfelsaft-triefend überlegte ich eine Hemmungssekunde lang, ob es nun nicht doch pädagogisch fair wäre, die ganze Tafel umzuschmeißen, auf dem Geschirr herumzutrampeln und zu schreien: »Du kannst mich mal mit deiner Gesichtswurst! Ab ins Gitterbett!« Doch dann erschien mit einem spitzen »Oho!« ein Clown über der Tischkante und setzte sich den leeren Becher als Hut auf. Von der anderen Seite kam das Krokodil, um sich hinter dem eitlen Clown über die Bierschinkenbrocken herzumachen. Der Clown bemerkte jetzt das gefräßige Krokodil und brachte vier Bissen im Mund der staunenden Trollprinzessin in Sicherheit, wo sie dem Schluckreflex geopfert wurden.

Dann verfiel das Wuschelchen wieder in eine puppentheaterresistente Gesichtswurstdiät. Nur die in der Rollpapiertröte und dem Zauberstrauß versteckten fünften und sechsten Bissen wurden noch im Stande äußerster Verblüffung angenommen und gegessen. Ein siebenter, der in einer

Art Hütchenspiel gefunden und verzehrt werden wollte, konnte allerdings nicht mehr amüsieren. Die Trollprinzessin begehrte, »Hui!« zu machen. Das »Hui!«-Spiel besteht wesentlich aus einem Kreisflug des Kindes im Suppentopf an den ausgestreckten Armen des Vaters. Unter Außerachtlassung der Jugendamtsschrift »Gefahrlos toben mit Kleinkindern« gelang die Verfütterung des siebenten und achten Bissens im einhändigen Suppentopfschleudern. Noch zehn Minuten »Kuckuck, wo bist du?« unterm Küchenschrank, und ich hatte die letzten beiden Bierschinkenbrocken in das inmitten von Wollmäusen herumrobbende Kind gestopft. »Du mußt einfach konsequent bleiben«, belog ich meine Frau am Abend, und sie seufzte schuldbewußt.

MORGENDLICHER SPRACHERWERB

Ich schlafe keineswegs wie ein Baby, aber ich erwache wenigstens so. In meinem Aufstehen wiederholt sich allmorgendlich das Wunder der menschlichen Reifung. In den ersten Minuten kann ich nur mäßig die Augen offenhalten, aber bald schon erkenne ich einfache Muster und Farben, schließlich auch erste Bezugspersonen wie die bezaubernde Brünette neben mir. Aus dem Bett gekrabbelt, habe ich auch schon etwas tapsig laufen gelernt. Nur sprechen kann ich noch nicht. Der morgendliche Spracherwerb ist bei mir doch sehr verzögert, und einmal habe ich sogar eine Viertelstunde wortlos versucht, unseren Kater mit einem Besen zu erschlagen, weil er mich beim Wasserabschlagen ins Bein gebissen hat. (Katzen finden eben ganz andere Sachen lustig als Menschen. Deswegen die vielen Tierheime.)

Mein Sohn hingegen erwacht ungefähr so wie einer dieser Klingelmützenjoker, die aus der Überraschungsbox gefedert kommen. Das ist nicht leicht für uns beide, vor allem, wenn er zur nullten Stunde muß. »Guten Morgen, Papa. Weißt du, was ich mich frage? Glaubst du eigentlich an Gott?« Ich lungerte mit glasigen Augen vor der Kaffeemaschine herum und beäugte den unvermeidlichen Niedergang der Füllstandsanzeige. »Papaaaa!! Ob du an Gott glauuuubst?« Das hat man nun davon, daß ich ihn der komfortablen Nähe wegen in einen kirchlichen Kindergarten gehen ließ, ungeachtet der Tatsache, daß sein erzatheistischer Großvater mit Riechsalz aus der Ohnmacht erweckt werden mußte, als der Stammhalter erstmals beim Abendbrot die Patschehändchen zum Gebet faltete. Wir sind eine alte Sippe von geradezu einschüchternd diesseitigen Feuerbestattern und Ascheverstreuern, und außer den Vögeln im Himmel wird im Familienkreis die Existenz höherer Wesen inbrünstig sechsmal am Tag geleugnet. Sollte ich meinem zarten Sohn auch noch den Trost rauben, wo ich ihm doch heute morgen schon zehn Toffeebonbons entwendet hatte?

Ich schwappte etwas Kaffee in den Pott und überlegte, ob es als Ansprechpartner seiner Kinder nicht fürs erste reicht, sich einfach nur ansprechen zu lassen. »Ich glaub' nur ein bißchen an Gott«, erwiderte ich schließlich reichlich weichlich ausweichend, »aber«, fuhr ich fort, »das beruht wahrscheinlich auf Gegenseitigkeit!« Mein Sohn begann, die Bilder auf seiner Cerealien-Packung zu erforschen, wie alle Kinder, deren Interesse durch eine zu komplexe Antwort geschwächt wurde. Sonst hätte ich ihm noch meine Theorie der Mini-Prüfungen erläutert. Mein Gott wird nämlich mit der Formel »Ach Gottchen!« angerufen. Ich glaube, daß Gott die meisten Menschen nicht durch besonders göttliche Prüfungen, sondern durch eine Vielzahl besonders läppischer Zumutungen auf ihre menschlichen Qualitäten überprüft.

Ich zähle hier einige meiner häufigsten Mini-Prüfungen beispielhalber mal auf: Ich kriege grundsätzlich beim Öffnen von Autos eine gewischt. Wenn ich es besonders eilig habe, bleibe ich mit dem Pullover an der Klinke hängen.

Wenn ich mal ein Marmeladenglas am Deckel vom Tisch zum Kühlschrank trage, stellt sich exakt in der Mitte des Weges heraus, daß der Deckel nicht richtig aufgeschraubt war. Seltersflaschen aus dem Kasten im Büro, die ich arglos öffne, wurden vorher von unbekannten Tätern stundenlang geschüttelt. Mini-Prüfungen sind subdramatisch und ganz schwach pechhaltig. Wenn man nach einer solchen Mini-Prüfung aber ausrastet, ist das ein sicheres Zeichen, daß man vom Weg des Heils abgekommen ist. »Und du, Mama, glaubst du wenigstens an Gott!« schrie mein Sohn kurz darauf den verschlafenen Neuzugang an. »Nur, wenn du endlich anfängst zu essen«, sagte mein Frau, und ich blickte entsetzt die Konvertitin an.

KINDER ZUM ABGEWÖHNEN

Rauchen macht total Laune. Jaja, ich weiß, jetzt halten die Mütter wieder ihren Kindern die Augen zu und flüstern: »Der Onkel ist nicht ganz bei Trost! Da schreibt man manchmal so was.« Das stimmt: Ich bin untröstlich. Ich hab' nämlich ausgesprochen gern geraucht. Ich hab' inhaliert, daß die Blätter der Zimmerpflanzen in meine Richtung flatterten. Okay: Rauchen ist schädlich. Sogar noch schädlicher als Alkoholtrinken. Denn Rauchen schädigt auch die Kollegen. Während der Trinker am Arbeitsplatz beim Aufheben eines heruntergefallenen Papierstapels schnell mal unbemerkt den Flachmann aussüffeln kann, ohne daß die anderen nichttrinkenden Kollegen im Großraum plötzlich gegen ihren Willen anfangen, beim Telefonieren zu lallen, oder sich unter Kontrollverlust die abgeschlaffte Pausbacke an den Schreibtisch tackern, kann der luftverpestende Raucher bei seinen nichtrauchenden Kollegen nicht nur Unwillen, sondern sogar Krebs erregen.

Zu Recht sind die früher so beliebten Pausenfreuden und Entspannungsmittel heuer also geächtet. (Als letztes bliebe eigentlich nur noch die Selbstbefriedigung, die aber aus rein logisch nicht zu begründenden Erwägungen im Kollegenkreis auch nicht sehr geschätzt wird. Dabei bleibt man klar im Kopf, und wenn man behutsam und in einer extra dafür eingerichteten Ecke zur Sache geht, wird auch niemand in Mitleidenschaft gezogen. Aber anders als beim Rauchen oder Trinken macht es leider nach der vierten Pause keinen wirklichen Spaß mehr.)

Ich jedenfalls hab' geraucht wie eine Nebelgranate. Ist aber vorbei. Fünf Jahre ist es jetzt her, daß ich die letzte Zigarette in den Aschenbecher drückte und mich noch einmal das Rätsel beschlich, warum der Aschenbecher diesen komischen Namen trägt, obschon man doch noch ganz andere Sachen auf Lunge genommen haben muß, damit sich das Ding in so was wie einen Becher verwandelt. Egal, ich hab' die Zigarette ausgedrückt und mir nie wieder eine angezündet.

Ich weiß gar nicht, warum die alle so einen Lärm darum machen. Ein Mann muß sich beherrschen können. Vor allem, wenn er Kinder hat. Ich hab' nur wegen der Kinder aufgehört. Kinder sind ja sowieso zum Abgewöhnen. Ich rauche nicht mehr, ich trinke so wenig, daß man mich höchstens als Gelegenheitsnipper bezeichnen würde. Ich fluche nicht mehr im Auto. (Nicht nur wegen der Kinder, sondern auch, weil ich mal im Sommer ein Fenster offen hatte und es danach ganz ruhig an der Kreuzung wurde und mich alle entsetzt anstarrten.) Ich kaufe keine Zeitschriften mehr, in denen Frauen abgebildet sind, die ihr Einkommen durch Abbildungen in Zeitschriften bestreiten. Ich nasche nicht mehr und wenn, dann nur Dörrobst, obwohl das eigentlich die Bürgerkriegsvariante des Naschens ist.

Gesund, sauber und ruhig und höflich saß ich also zur Sprechstunde vor dem Lehrer meines Sohnes, der mir ein Leporello von Missetaten meines Sprosses entfaltete. »Ich will

Ihnen nicht zu nahe treten«, erklärte der Klassenlehrer, »aber ich habe das Gefühl, Ihr Sohn rebelliert in der Schule, weil er vielleicht unter einer gewissen wohlanständigen bürgerlichen Langeweile zu Hause leidet.« »Bestimmt weniger als ich …«, war meine Antwort.

DAS LOB ZU TADELN
ODER DIE WEISHEIT DES SPERMIUMS

»Subba, was?« Die Schuljahre meines Sohnes in Sachsen zeitigen eben doch ihre Wirkungen. Unsereiner stürzt ins Bad, um nachzuspülen, wenn er mal aus Versehen eine Endung verschluckt, und der Stammhalter sächselt alles kurz und klein. Wird es eben später nichts mit der Festanstellung in Köln. Vor meine Augen hielt das gute Kind ein selbstgemaltes Bild aus dem Kunsterziehungsunterricht, welches ein Ballspiel darstellen sollte. Tatsächlich standen Strichmännchen vor einem gefleckten Kreis. »Doll, nicht?« Ich wollte ihn gerade mechanisch mit einem lauwarmen »Gut gemacht!« davonstreicheln, als mir meine Hand stockte. War dies nicht die gesegnete Hand, die mit ebensolchen neun Jahren Dürers »Rasenstück« für Omas Geburtstag mit solcher Brillanz abkopierte, daß es am Ende eher aussah wie die Vorlage für Dürers »Rasenstück«?

Ich entschied, meinen Sohn mal probeweise mit der Wahrheit abzuhärten. »Ich finde es, ehrlich gesagt, nicht so ganz – unvergleichlich! Es könnte ruhig etwas – nun ja – ähnlicher sein!« Ich griff in die Tuchtasche, um sofort ein Taschentuch hervorziehen zu können, falls der Sproß von dannen schluchzen sollte, aber nix da. Neunjährige könnten Selbstbewußtsein in Eimern spenden gehen, wenn es das gäbe. »Ich find' es doll«, erklärte der Erstgeborene, »und außerdem heißt eine Drei ja befriedigend. Ich zeig's jetzt Mama!« Er schritt befriedigt davon.

Ich wollte mir den folgenden Satz eigentlich für meinen neunzigsten Geburtstag aufsparen, aber: Diese Welt ist dem Untergang geweiht. Wir loben uns zu Tode! Kein Mensch, der heute nicht irgendwo »prima« ist. Dabei steckt in jedem von uns die ursprüngliche Weisheit des Spermiums, daß eben nicht die Teilnahme entscheidend ist, sondern einzig, wer durchkommt. Deutschland hingegen ist voller Fünftplazierter, die noch unter der Dusche »Also wirklich, herrlicher Wettkampf. Wundervolle Atmosphäre! Ganz famoses Publikum!« schnaufen, anstatt sich sofort nach dem Zieleinlauf mit den Spikes »Ich bin ein Versager!« in die Brust zu meißeln.

Als wäre das nicht schon schlimm genug, züchtet die Lobkultur nicht nur Mittelmäßigkeit, sie feuert auch die Unbegabten an. Wenn man sich die vollgedrängten Casting-Shows, den ganzen Popstar-Krampf ansieht, hat man doch das Gefühl, daß Unbegabung plötzlich meldepflichtig geworden ist. Nun ist ein Stimmumfang wie ein Meerschweinchen und die notorische Unfähigkeit, einen drei Schläge vorher angedrohten Takt aufs Parkett zu stampfen, kein Hindernis für ein glückliches und erfülltes Leben. »Jemand sollte den Mumm haben und es den von Gott Unbeschenkten sagen, daß die Größe von Karl Marx unter anderem darin bestand, daß er seine Gedichte eben nicht veröffentlichte. Und im krassen Gegensatz zu den vielen ungerechtfertigten Ambitionen stehen echte Spitzenleistungen leider immer unter dem Verdacht, daß man einer armseligen Kindheit entkommen will oder keinen Sex hat«, erläuterte ich auf dem Kopfkissen meiner Frau, der ein offenbar mittelmäßiges Buch auf dem Gesicht lag, das sie erst vor zwei Minuten zu lesen begonnen hatte.

Da meine Frau weiß, daß ich meine Kindertage in einem begüterten Hause zubrachte, blieb ihr nur noch eine Möglichkeit, diesen Verdacht zu entkräften. Als ich wieder ordentlich auf meinem Kissen lag, konnte ich mir ein stolzes »Und?« nicht versagen.

»Dich würde Kritik also eher anspornen?« erkundigte sich meine Frau gütig.

DER STREICHEKATALOG

Der Postmann klingelt überhaupt nie zweimal. Er klingelt exakt einmal, dafür aber jeden Tag. Dann fragt er per Türsprech, ob ich nicht ein Paket für meine Obermieter entgegennehmen könnte. Da sag' ich nicht nein. Meine Obermieter holen die Postsendungen stets regelmäßig ab, obwohl ich nicht denke, daß die so georderten Dinge in der Wohnung irgendeinem häuslichen Nutzen zugeführt werden. Es sind einfach zu viele. Die Wohnung von denen ist nicht so groß. Nach meinen Beobachtungen wurde der Rauminhalt der Wohnung in den vergangenen Jahren bereits fünfmal komplett von der Post per Paket angeliefert. Ich frag' aber nicht, nachher verschwinde ich noch selber so spurlos wie die vielen Pakete.

Als es nun eines schönen Vormittags wieder klingelte, schlurfte ich in meinen grauen Jogginghosen, den Postmann mit einem quakigen »Jajaja … tschuldigung, könntense vielleicht …« nach- bzw. voräffend, an die Tür. Doch halt, es klingelte nicht nur bei mir, es klingelte oben und unten und überall im Haus. Ich riß die Tür auf, rodelte das Geländer hinunter und stürzte hinaus. Vor mir liefen drei Kindlein davon. Lächerlich! Um einem Mann wie mir zu entkommen, ist es mit Davonlaufen nicht getan. Dazu muß man davonwetzen können. (Für die Leute, die aus Zeitgründen keine Kindheit hatten, nur dies in aller Kürze: Beim sogenannten Wetzen werden die Gesetze der Traktions-Physik durch den puren Willen des davonwetzenden Kindes aufgehoben. Die Füße berühren den Boden nur, um Staubkanonaden ins Gesicht des Verfolgers zu feuern. Der Schwung der Beine läßt die Fersen antreibend an den eigenen Hintern trommeln. Die Kunst des Wetzens ist freilich Ende der Siebziger untergegangen.)

Die drei untrainierten Gameboy-Knödel hatten keine Chance. Zwei hatte ich gleich am Kragen, dann einen noch in der Mitte. »Laßt euch mal knuddeln!« schrie ich die drei an. »Da habt ihr mir ja einen ganz schönen Streich gespielt! Einen richtigen Klingelstreich!« In die noch erträgliche Qual des Ertapptseins mischte sich bei den Knaben nun das schiere Entsetzen, einem Wahnsinnigen in die Hände gefallen zu sein.

Weit gefehlt! Tatsächlich ist der Jungenstreich heutzutage selten und kostbar geworden. Wer macht sich denn noch die Mühe, heimlich unter der Bank Schnürsenkel zusammenzubinden? In einer Welt der Beleidigten und Ernstgenommenen, wo die Kriminalpolizei das Wohngebiet absperrt und der Bundesmobbingbeauftragte mit dem Hubschrauber einschwebt, wenn irgendwo Zahnpasta hinter einer Klinke gefunden wurde, hat die Spitzbüberei schlechte Karten. Wer aber sein halbes Leben den dringenden Wunsch unterdrükken mußte, Nachbars Hund grün anzumalen, kann man dem verdenken, wenn er beruflich nichts zuwege bringt, am Weib versagt oder sogar seine Ernährung umstellt? (Hinzu kommt: Es ist ja nicht der Wunsch an sich, sondern es gibt Hunde, die das provozieren!)

Nur im Streich kann der Mensch lernen, kreativ zu mißachten, statt immer gleich alles kaputtzukloppen. »Noch besser ist es«, zog ich die Jungs verschwörerisch an mich, »wenn man Kaugummi über die Klingeln klebt. Aber nicht jeder Kaugummi ist dafür geeignet. Man muß also jede Menge experimentieren!« Die Knaben leuchteten auf und sahen sich um. Rundherum war alles voller Klingeln.

EIN TAG DER EHRE

Männer leben im Wesentlichen. Übertriebene Fürsorge ist ihre Sache nicht. Das müssen berufshalber länger abwesende Mütter ertragen lernen. Klar wäre es besser gewesen, wenn der Kronsohn auf die mütterliche Frage: »Und was hat dir Papa in den letzten drei Tagen aufs Pausenbrot getan?« nicht »Was für ein Pausenbrot?« geantwortet hätte, und unglücklicherweise plapperte die Trollprinzessin daneben ständig das zwar rhythmisch eingängige, aber nicht eben altersgerechte Wort »Panzerattacke«. Und so stellte sich Stück für Stück heraus, daß wir allesamt tagelang bloß Gummibärchen essend und Computer spielend den Schmerz der mütterlichen Abwesenheit betäubt hatten. Meine Frau hielt es daher für besonders beflissene Reue, als ich dem männlichen Erben am folgenden Samstag eine Öko-Banane, ein darmverbesserndes Joghurtdrinklein, eine Schale feinsten Haferbreis und ein Glas edelsten französischen Tiefenwassers zum Frühstück bereitstellte. Da irrte sie aber.

Denn dies war kein Tag wie jeder andere. Es war der Tag des Judoturniers um den Pokal des Polizeipräsidenten. Vor genau dreißig Jahren war es, als dieser Pokal durch einen bedauerlichen Schwächeanfall in der zweiten Minute, wegen einer doch wahrscheinlich frühstücks-bedingten Unterzuckerung, den schon zugreifenden Händen des Verfassers dieser Zeilen entglitt. Dreißig Jahre Schmach, in denen ich nach einer Frau »mit guten Hebelverhältnissen« suchte, mit der ich einen Sohn zeugen könnte, der den Pokal als Ausrufezeichen hinter die Ahnreihe stellen würde. Ein Tag der sportlichen Familienehre. Das ist womöglich eine Wahnidee, allerdings eine weit verbreitete. Wenn Sie während eines Turniers eine Kampfsporthalle betreten, schlägt Ihnen der Angstschweiß der Väter entgegen. Unruhig nesteln die Erzeuger an ihren Camcordern, beschulterklopfen und bescheitelstreicheln ihre Söhne, geben überflüssige Tips (»Greif an!«) und zucken zusammen, wenn der Kampfrichter das Kommando ruft. Jeder Vater weiß, daß es hier nicht um Sport geht, sondern um das Familienorakel, den ultimativen Test aufs Genmaterial.

Eigentlich unterkühlte Vize-Direktoren bei den Stadtwerken und selbständige Medizintechnikhändler fangen plötzlich an, wie urzeitliche Primaten beim Kampf ums Wasserloch zu schreien und zu fuchteln, während sich ihre Söhne auf der Matte herumschubsen. Wenn der Punkt verteilt ist, blitzt aus den Augenwinkeln des siegreichen Vaters den anderen die Botschaft an: »Nie wird deinesgleichen über meinesgleichen obsiegen. Von elenden Luschen stammst du ab, und eine elende Lusche ist deinem Samen entsprossen.« Dies ist ein Moment der Wahrheit, wo es nichts nützt, sich daran zu erinnern, daß man ein Eigenheim und ein teures Auto besitzt.

Tatsächlich sah es gut für uns aus an diesem Tag. Mein Sohn war in blendender Verfassung und ließ es jeden wissen. »Mein Vater hat mich zum Judo geschickt, weil ich immer so eine große Klappe habe und dringend meinen Charakter stärken muß. Ich hab' jetzt schon drei Kämpfe gewonnen, weil ich so schnell und geschickt bin. Noch ein Kampf, und dann kriege ich den Pokal des Polizeipräsidenten, den mein Vater mal verpaßt hat, obwohl er schon einen halben Punkt vorauslag.« Und stolz blickte er herüber, als er schon in den ersten zehn Sekunden den halben Punkt erkämpft hatte, und entsetzt blickte ich zurück, wie er, so abgelenkt, auf die Matte fiel. Ich wußte nun, was es mit dem fatalen Pokal auf sich hatte. Wir waren verflucht. Wahrscheinlich vom Polizeipräsidenten selbst.

FEINSTOFFLICHER NACHMITTAG

Wenn man ein Kind kriegt, ist man nicht mehr allein. Das hört sich nicht sehr überraschend an, enthält aber nur die dürftigste Konsequenz dieser logischen Operation. In Wirklichkeit ist man auf eine unglaubliche Weise nicht mehr allein, denn mit jeder Schwangerschaftsgymnastik, jeder Stillgruppe, jeder Krabbelstunde, jedem Spielplatzbesuch, von Kindergartenanmeldungen, Elternversammlungen und Einschulungen ganz zu schweigen, wächst die Zahl der Bekannten und Freunde, und zwar selbst bei ausgesprochenen Muffeln und Maulfaultieren. Zu den prächtigsten Neuerwerbungen unserer Kinderei zählt Familie Dinkelkeks. Vater Dinkelkeks ist hauptberuflich unterwegs, aber Mutter Dinkelkeks wohnt seit vielen Jahren ausschließlich zu Hause und verfeinert sich dort. Manchmal, wenn ich vom albernen Kapitalismus um mich rum die Nase voll habe, gehe ich bei ihr vorbei und mache Pause vom Gewinnstreben und höre das Lied der Liebe und der Harmonie …

Diesmal öffnete Mutter Dinkelkeks hustend die Tür, und Rauchschwaden entflohen der Wohnung. »Laß uns zuerst das Kind retten!« rief ich und wollte an ihr vorbeistürzen. »Ist bloß Weihrauch«, erwiderte Mutter Dinkelkeks mit geröteten Augen, was aber auch mit der Fluppe in ihrem Mundwinkel zusammenhängen konnte. »Ich führe gerade eine energetische Reinigung der Wohnung durch.« Wir gingen zusammen an dem blakenden Weihrauchschälchen vorbei durch das Gemöle von alten Socken, korrodiertem Spielkram und angeknabberten Blockflöten in die Küche, wo ein Stück Möhrentorte als Zeichen vollwertiger Gastlichkeit auf mich wartete.

»Hier sind nämlich einige Dingen im Argen«, erklärte Mutter Dinkelkeks matt, während der kleine Hannes mit dem Käsehobel eine Kante der Anrichte hingebungsvoll entgratete. »Dein Sohn macht gerade den Schrank kaputt«, deutete ich vorsichtig, aber Mutter Dinkelkeks winkte ab. »Laß ihn mal. Die Kante ist wahrscheinlich zu aggressiv. Kinder spüren so was sofort. Macht er ganz richtig.« Mutter Dinkelkeks goß sich einen Schoppen Tinto ein. »Die ganze Wohnung hat so ein auszehrendes Fluidum. Zum Wohl«, seufzte die Dinkelkeksin und kippte einen bedeutenden Teil des Schoppens in sich hinein. »Deswegen schlägt meine Diät auch nicht richtig an. Ich weiß gar nicht, worauf ich noch verzichten soll. Weißmehlprodukte, Nachtschattengewächse, rotes Fleisch … Ich komme einfach nicht zu Kräften.«

Ich musterte Mutter Dinkelkeks kurz und stellte fest, daß ihre schlanken Arme von schlappen Armen tatsächlich nicht mehr hinreichend zu unterscheiden waren. »Erdstrahlen«, mutmaßte sie weiter, »der hiesige Magnetismus setzt mir doch unwahrscheinlich zu.« »Laß doch die Wohnung von unten her abschirmen«, riet ich ihr. »Das ist auch wieder nicht gut«, unterrichtete mich die Dinkelkeksin, »wir brauchen den Kontakt zu Mutter Erde. Und außerdem würden die Erdstrahlen dann in die Wohnung unter uns reflektieren.« Ich wollte mir gerade vorstellen, wie die alte Frau Gollasch, die unter Dinkelkeksens wohnte, von der reflektierten Erde in den Wahnsinn getrieben, nachts auf der Federkernmatratze hin und her hopst oder plötzlich gegen ihren Willen obszöne Darstellungen in die Topflappen für ihre Canasta-Omas häkelt, als der kleine Hannes auf mich zukam und meine Uhr »haben« wollte.

Da ich mir sicher war, daß trotz der umfassenden Tauch- und Schocktests dieser robusten Sportleruhr der Extremfall »Kleinkind mit Bolzenschneider und/oder Spitzhacke u.ä.« nicht mit unter die Garantiegewährleistung fiel, verneinte ich freundlich. Der überaus dreijährige Hannes Dinkelkeks sah fragend zu seiner Mutti, ob die dem Onkel nicht irgendwas in der Richtung von »Rück die Uhr raus, Freundchen, aber ein bißchen plötzlich!« anzuweisen vermochte, aber als die auch bloß freundlich verneinte, faltete sich Unverständnis in das Gesichtchen des Kleinkindes, und mehr noch, es knitterte nun Uneinverständnis, dann geradezu Nichtakzeptanz hinein, um schließlich in einem Wutanfall sondergleichen zu zerknüllen.

Das Dinkelkeks-Teufelchen sprang auf mich zu, riß an meiner Uhr, schrie mich »Uhruhruhr!!« an und biß in meinen Unterarm. Seine Mutter inhalierte geschwächt und lächelte Qualmwolken: »Das ist schon ein Racker, der hat Energie. Weiß gar nicht, wo er die herkriegt.« Da ich fürchten mußte, ein vollständig herausgebissenes Stück Unterarm nicht mehr mit der überlegenen Lässigkeit eines Erwachsenen tolerieren zu können, hielt ich dem Dinkelkeks-Sohn, als seine Mutter gerade nicht schaute, kurz, aber fest die wutschnaubende Stupsnase zu, worauf er mangels Nasenatmung von mir abließ. Schrilles Gebrüll und ein sofort erneuter Angriff auf meine tolle Sportuhr waren die Folge. »Ich kenne sogar Leute, die an dieser Stelle intervenieren würden ...«, lachte ich gequält mit, während mein Uhrenarmband mit dem zerrenden Kleinkind dran einen roten Striemen in mein Handgelenk strangulierte.

»Du, Hannechen, wir wollen uns hier ein bißchen unterhalten. Wenn du so laut schreist, kann ich gar nicht hören, was der Onkel sagt ...«, hauchte Mutter Dinkelkeks in die Lärmwolke um ihren Sproß. Was zur Folge hatte, daß das Teufelchen jetzt mit einer Hand an meiner Uhr zerrte, mit der anderen Hand seine Mutter zu züchtigen begehrte und mit dem freien Bein gegen den Tisch trat. »Wenn er so ausrastet, rastet er auch irgendwann wieder ein«, beruhigte sie mich. »Vertrau ihm!«

Endlich ließ das Dinkelkekslein los, aber nur, um in einer gewaltigen Krampfleistung den Zwergenkörper einzukrümmen und dann etwas zu veranstalten, was in der Psychologie der unteren Harnwege Rabies urinosus oder so ähnlich genannt wird oder auf gut deutsch – Wutpullern.

»Hoppla! Na schau. Ist alles wieder gut«, sagte Mutter Dinkelkeks zu ihrem umpfützten Sohn. »Wutpullern – wo kommen wir denn da hin!« entfuhr es mir, und »Da gibt's Arsch voll!«, während ich mir mein beinah durchgetrenntes Handgelenk rieb, doch die Dinkelkeksin runzelte die Stirn. »Das ist schwarze Pädagogik«, sagte sie streng. »Machtspiele! Bloß, weil du stärker bist als er. Was würdest du denn machen, wenn Klein-Hannes Arnold Schwarzenegger wär'. Auch Arsch voll?« »Selbstredend«, sagte ich mutig, »es geht doch hier nicht um die blöde Uhr, sondern ums Prinzip.« Ich fühlte mich gleich besser, und eine Art höherer Weihe begann mich zu umfloren. Ja, dies soll mein Eintrag im Lexikon sein: Stefan Schwarz, letzter prinzipienfester Familienvater Deutschlands, kam im Alter von 40 Jahren beim Versuch, dem ehemaligen Mister Universum und jetzigen Gouverneur von Kalifornien, Arnold Schwarzenegger, wegen »unartigem Benehmen den Popo zu versohlen«, ums Leben.

»Es gibt Dinge«, verlängerte ich hochernst, »die kann man nicht durchgehen lassen. Wutpullern gehört dazu.« Mutter Dinkelkeks steckte sich noch eine Zigarette an und zuckte mit den Schultern. »Eines Tages wird er andere Mittel finden, sich auszudrücken, und zwar auch ohne daß ich ihn verhaue.«

»Und wenn nicht?« stellte ich die Frage, die sich alle erzieherisch tätigen Eltern stellen. »Hauptsache, er fühlt sich gut dabei«, sprach die Dinkelkeksin und streichelte den Schopf des kleinen Hannes, dem langsam kühl im Schritt wurde. Tja, würde er es eines Tages lassen, oder würde Hannes Dinkelkeks, dereinst Direktor der Sächsischen Brandkasse, im Jahre 2045 den Zusammenschluß mit der Anhaltinischen Feuersozietät nicht per Vertragsverhandlungen, sondern auf dem Wege des Wutpullerns herbeiführen?

DIE LUST, DAS EIGENE KIND
HEIMLICH MIT ANDEREN ZU VERGLEICHEN

Familie Dinkelkeks war zu Besuch. »Aber mach den Tee um Himmels willen nicht wieder so stark wie letztes Mal«, schwächelte sich Mutter Dinkelkeks auf den Küchenstuhl, und ich überlegte einen Moment, ob eine weitere Löffelspitze Roibuschkraut dazu führen könnte, daß Mutter Dinkelkeks sich nach dem ersten Schlürfen japsend ans Herz greifen und dann mit dem Kopf auf den Tisch zusammenbrechen würde. Ich entschied dann aber doch, daß ein Leben, das man für die Roibuschtee-Dosierungsforschung läßt, kein verschenktes Leben sei, und schippte noch eine Unze mehr ins Tee-Ei.

Ein heimeliger Nachmittag begann. Die Kinder hielten unerwarteterweise ihre Finger nicht in die rotierenden Knethaken, stanzten brav Plätzchen aus dem Teig (wie ihn meine Oma immer machte, seit wir ihr 1977 das neue Kochbuch geschenkt hatten) und verzichteten darauf, sich gegenseitig mit heißem Schokoguß auf Lebenszeit zu entstellen. Trotzdem sagte meine Frau am Abend. »Sag mal, Mann! Findest du nicht auch, daß unsere Tochter im Vergleich zu Dinkelkeksens Sohn …« »Sag es nicht!« rief ich. »Ich will es aber sagen«, trotzte meine Frau. »Es ist nicht recht«, wies ich sie ab und bereute, daß ich kein Kruzifix aus dem Mantel holen konnte, um es ihr exorzierend entgegenzuhalten. »Ein einziges Mal noch. Dann sag' ich nichts mehr.« Ich gab gequält nach, meine Frau holte tief Luft und sagte befriedigt: »Also unsere Tochter ist schon viel weiter.« »In Ordnung«, sagte ich, »du hast es gesagt.« Aber es war bereits zu spät. Der Damm war gebrochen. »Hast du gehört, wie er Zternznuppe zu dem Förmchen gesagt hat? Das ist ja doch wohl ein veritabler Sprachfehler. Und als er dann selbst Plätzchen ausstechen wollte und immer die anderen Plätzchen traf: Motorisch ist da offensichtlich noch nicht alles auf der Reihe ...«

Und so stellte sich nach und nach heraus, daß der kleine Hannes Dinkelkeks für sein Alter zu schlecht lief und aß, zu schlecht schlief und saß. Meine Frau lästerte glücklich eine Viertelstunde, bis zu dem Befund, daß sogar seine Haarfarbe irgendwie nicht altersgerecht war.

Nichts zu machen: Unsere Tochter lebt umgeben von Spätreifern und Kümmerlingen, die entwicklungspsychologisch abgeschlagen auf der Standspur des Lebens entlangstottern. Kein Wunder: Das heimliche, hetzerische Kindervergleichen gehört zu den suchtverdächtigen Freizeitbeschäftigungen von Eltern. Denn obschon sich im Zusammensein verschiedener Familien kaum anderes mehr aufdrängt als der Vergleich der Kinder, herrscht Allerliebst-Geflöte in allen Tonlagen. Ein gleichsam polynesisches Tabu verbietet es, den stolzen Eltern des lätzchenumwickelten Fütterkindes zu erzählen, wie man selbst die gleichaltrige Tochter in den Gebrauch von Hummerzange und Käsehobel eingewiesen habe und daß dies, sofern man auch nur Reste von Konsequenz und Kompetenz in sich habe, lächerlich einfach sei.

Im Schatten dieser Schweigemauer wuchert das Kinder-vergleichen natürlich um so üppiger. Und die anderen Kinder sind ja auch nicht wirklich gemeint. Man kennt das vom Fernsehbildschirm: Farben strahlen halt kräftiger vor einem besonders dunklen Hintergrund.

UNORDNUNG MACHT GLÜCKLICH

»Schauma: Bin ein wunnerschönes Määädchen!« Die Trollprinzessin galoppiert mit einer Stoffwindel ums Puttenge-
sicht durch die Wohnung. »NICHTINDIEKÜCHE!« entkom-
mandiert sich ein Schalldruck von beachtlicher Bremswir-
kung der Vaterbrust. Das vermummte Kleinkind stoppt gerade noch rechtzeitig am Rand des spiegelnden Sees aus wei-
ßen Fliesen, den ich eben gewischt habe. »O, Papa macht!«
spricht es, und das Schicksal selbst hat sich das Kind zum
Mund erkoren. Es ist bitter, aber man kann es nicht besser
ausdrücken als mit diesem nur scheinbar kindlich-unfertigen
Zweiwortsatz: Ja, der Papa macht. Doch sein Machen ist ohne
Frist, ohne Ziel. Es ist das reine Machen, wie Immanuel Kant
geschrieben hätte. Es ist das Reinemachen, wie seine Putzfrau
danebengeschrieben hätte.

Unter den vielen wiederkehrenden Mühen des Laufrads
namens Familie ist das Reinemachen von exquisiter Sinnlo-
sigkeit. Anders als beim allmorgendlichen Stulleschmieren
fürs Kind, das dadurch ja unentwegt größer und klüger wird,
ist das Putzen völlig ohne Nutzen. Man darf gar nicht erst
damit anfangen. Klar, irgendwann kommt im Leben mit Kindern der Tag, wo plötzlich irgend etwas undefinierbar Kleb-
riges unter deinen Füßen schmatzt und kriminaltechnisch
schon recht aussagekräftige Schmutzabdrücke deiner

Puschensohlen auf die Dielen und Fliesen stempelt. Spätestens, wenn du dann mit zwei Froschflossen von plattgeknüllten und miteinander verpreßten Zellstofftaschentüchern, Lolliverpackungsresten und Kaninchenstroh wie ein Zirkusclown durch die Wohnung stampfst, juckt es dich nach Wischmob und Spüleimer.

Doch halt! Nimm es hin. In alten Häusern spukt es, und in jungen Familien klebt es. So ist das nun mal. Wisse, Sauberkeit ist ein Trugbild. Mit dieser elenden Sekunde der Zufriedenheit, die dir ein selbstgewischter glänzender Fußboden schenkt, bist du auf dem glatten Weg zur Hölle. Schon im nächsten Moment wird dein Werk mit Füßen getreten werden, und zwar mit kleinen Tapse-Füßen, die vorher draußen auf der Straße bloß ein mini-bißchen Hundekacke übersehen haben. Und so wirst du mit jedem Wischen unwirscher werden. Im Baumarkt bleibst du plötzlich interessiert vor dem Holzschild stehen, in das irgendwelche vom Haß verzitterten Lötkolben-Grobmotoriker »Haxen abkratzen!« geschmort haben. Dann ist es Zeit zu bedenken: Eigener Seuchenherd ist Goldes wert. Unordentliche Menschen sind glücklicher. Wenn sie sich nicht gerade mit einer Lebensmittelvergiftung in ein Badezimmer schleppen, dessen Anblick allein schon Brechreiz auslösend wirkt, oder sich mit einem Milbenasthma-Anfall auf der fleckigen Couch zwischen den muffigen Kissen hin und her wälzen, haben sie jede Menge Spaß. Sie nutzen die viele Zeit, die sie sich vom Reinemachen ersparen, um gemeinsam Halma oder Dame zu spielen, auch wenn die verbummelte Hälfte der Spielfiguren durch angestaubte Gummibärchen oder irgendwo abgefallene Kontermuttern ersetzt werden muß. Da lachen sie lauthals drüber und verschütten dabei ein bißchen Brause auf die alten Socken, die unter dem gesprungenen Glastisch verrotten.

Bis schließlich, wie bei uns, eines Tages das Telefon klingelt und die Eltern ihren Besuch ankündigen ...

FAMILIENFRÜHSTÜCK

Die neue Sonnenbrille war jeden gottverdammten Cent wert. Und es waren verdammt viele Cents. Ich sah so verboten cool aus, daß es fast verschenkt war, damit bloß Samstagfrüh zum Bäcker zu gehen. Mit so einer Sonnenbrille kann man doch nicht allen Ernstes »Ja, und ich hätte dann noch gerne zwei Körnerbrötchen und ein Hörnchen, bitte!« sagen. Ich probierte es vor dem Flurspiegel mit »Gib mir die verfluchten Schrippen, oder ich brech' dir gleich mal alle Rippen!« und fand es, auch vom Versmaß her, viel angemessener. Da ich aber nicht ganz sicher war, ob Frau Haschke vom Bäckerladen diesen obercoolen Sonnenbrillen-Scherz verstehen würde – zumal sich ältere, osteoporosegefährdete Frauen bei Anspielungen auf Knochenbruch immer ein bißchen schwer tun, herzlich mitzulachen – beschloß ich, den Tag lieber witzlos zu beginnen. Just in dem Moment lief mir die Stütze meines Alters über den Weg, und ich beauftragte den zum Fernseher schlafschlurfenden Sohn, erst noch den Tisch zu decken.

Mit Erfolg: Als ich vom Durchwühlen der Plastiktütendeponie in der Abstellkammer kam, lag eine Tischdecke auf dem Tisch – und sonst nichts. Till Eulenspiegel saß vor der Glotze und knisterte vor Unschuld. Vorsätzliches, aber subkriminelles und darum strafunwürdiges Wörtlichnehmen und Nicht-weiter-Denken gehört zu den großen Verhaltensfortschritten der Vorpubertät, mit denen Kinder ihren Eltern das schöne Gefühl vermiesen, die Brut sei jetzt erst mal aus dem Gröbsten raus.

Ich überschlug im Kopf die Zahl der Frühstücksutensilien, um abzuschätzen, wie oft ich ein pädagogisch-säuerliches »Na, und was fehlt denn da noch …?« hinterdrein flöten müßte, um den Tisch komplett zu kriegen. Sinnlos: In derselben Zeit, in der man die helfende Hand des Kindes persönlich lenkt, könnte man auch einem Hund das Tischdecken beibringen. Und zwar plus Serviettenfalten. (Prima Kommando für »Deckrüden« in der Servierhundeprüfung: »Falt, Hasso!«)

Der Sohn beobachtete jetzt betont paralysiert das japanische Glitzeraugen-Klaffmund-Zeichentrick-Gewitter im Kasten, um mir die Chance zu geben, mit einem »Mach ich's halt selber. Geht eh schneller«-Seufzer die Samstagmorgenharmonie zu retten. So was klappt bei Müttern mit der Voraussagbarkeit eines Naturgesetzes. Nicht aber bei Vätern. Wenn mein Vati Samstagfrüh nur mit den Augen in Richtung Küchentisch geblinzelt hätte und ich nicht sofort und vollständig … ach … Ich ging erst mal Brötchen holen. »Da wär' aber was los gewesen«, murmelte ich versunken an der Ampelkreuzung. »Eine Woche Stillsitzen. Zwei Wochen Bettliegen ohne Umdrehen. Stubenarrest bis zur Volljährigkeit …« Es zupfte mich am Ärmel. »Kommen Sie, es ist jetzt Grün! Ich bringe Sie sicher über die Straße.« Ich blickte kurz nach links, wo ein einfühlsamer Knabe sein moralisches Konto mit einer weiteren guten Tat aufladen wollte. Okay, die Verkäuferin hatte auch eine etwas weniger dunkle Brille empfohlen.

»Das ist aber lieb von dir! Nicht alle Jungs in deinem Alter sehen von selbst, wie sie ihren Mitmenschen helfen können«, säuselte ich und belohnte ihn fürstlich, indem ich mich noch bis zur nächsten Straßenecke an der Häuserwand und sogar am Blumenmann entlangtastete …

DIE TROLLKRIEGERIN

Unser Familienfrieden war bedroht, seitdem mir beim Durchqueren einer Junggesellenabschiedsparty im ICE eine nicht richtig eingewiesene Stripperin einen Slip in die Jakkentasche gejubelt hatte. So kehrt man besser nicht von einer Dienstreise zurück, aber dank des Großen Vaterländischen Trollkriegs hatten wir bald andere Sorgen.

Er kündigte sich an, als meine Frau mit der Trollprinzessin auf dem Arm und den Worten »Ich leg' sie jetzt hin!« verschwand, aber erst nach zwei, dann drei und schließlich nach vier Stunden wiederkam bzw. ins Doppelbett kroch, wo ich tief schlummerte. Aber nur, um nach fünf Minuten ins Kinderzimmer zurückzuspringen, wo eine Kreissäge angeschaltet worden war. Hinzu kam, daß meine Frau um die Augen rum Horst Tappert ähnlich zu sehen begann, was mich insofern verstörte, da ich Horst Tappert nur als Schauspieler, aber nicht als Frau schätze. »Was macht ihr da eigentlich abends immer?« erforschte ich meine übermüdete Frau. »Wir bauen aus Kissen das Gute-Nacht-Geschichten-Vorlese-Nest, dann lesen wir fünf Gute-Nacht-Geschichten, dann sagen wir der Katze, den Fischen und der Fingerblattpalme Gute Nacht, machen die Gute-Nacht-Akrobatikrolle, holen das Gute-Nacht-Wasserglas und ...« (Alles in allem war es ein Ritual, gegen das die japanische Teezeremonie wie eine Improvisation alzheimerkranker Anarchisten aussah.) Das mußte ein Ende haben.

»Ich übernehme das mal!« sprach ich männlich und schickte die Liebste mit einer Freundin ins Kino, um sich den neuen Derrick-Zeichentrickfilm anzuschauen. Mein Plan war genial einfach. Ich würde der teuflisch fordernden Trollprinzessin eine einzige Geschichte vorlesen und sie dann ins Bett stecken, rausgehen und nicht wieder reingehen. Ein guter Plan, der freilich nicht berücksichtigte, daß Kinder, zu denen man nicht mehr reingeht, ab einem bestimmten Alter einfach rauskommen. Die Trollprinzessin jedenfalls schnipste aus dem Bett, als wäre sie mit Gummibändern an mir festgezurrt. »Eine allerallerallerletzte Geschichte …«, klagte sie. Ich brachte sie mit beruhigenden Worten wieder ins Bett zurück. Ich hatte die Tür noch nicht ganz geschlossen, als sie wieder aufsprang und die Trollprinzessin mit einem herzzerreißenden Allerletztenallerlei auf mich eindrang. Jetzt wäre es an der Zeit gewesen, »Ins Bett, sonst …!« zu rufen, aber in einer gewaltfreien Erziehung haftet solchen Drohungen immer die Lächerlichkeit nicht zu haltender Versprechen an. Und die Trollprinzessin schien das zu wissen. Ich legte sie wieder hin. Die berühmte Kreissäge verwandelte sich in das Düsentriebwerk einer Concorde, in das man eine Schaufel Schrauben geschippt hatte, und dann in einen mit Diamantköpfen besetzten Tunnelbohrer, der sich in einem Granitblock festbiß.

Es war sinnlos. Die ins Bett zurückgebrachte Trollkriegerin überwand die Gitterbettsperren mit Eskaladiergewandtheit eines Einzelkämpfers, um eine letzte Geschichte und nach der letzten Geschichte eine weitere letzte Geschichte zu hören. Inmitten dieses Tohuwabohus aus Geschrei und Türgeklinke stand plötzlich ein Polizist, den ich sofort packte und mit freundlichen Worten ins Bett steckte und fest zudeckte. Der Polizist aber strampelte sich frei, wie er es in der Ausbildung gelernt hatte, und erklärte mir, wie er einst die Türlinke am Zimmer seines Sohnes mit einem Stuhl und einem Besen verrammelt hatte.

Gegen halb zwei in der Nacht, als ich mit schlotternden Knien und freundlich stammelnden Worten die Trollprinzessin zum 73. Mal ins Bett brachte, merkte ich kurz darauf, daß sie eingeschlafen war. Wohl nicht aus Erschöpfung, sondern – wie es aussah – aus Langeweile. Zermartert lag ich im Bett, als meine Frau sich über mich beugte und flüsterte: »Mein Held! Was dir an Geschick fehlt, machst du wenigstens durch Ausdauer wett.«

DER LETZTE KÄSEFADEN

Im Zirkus gab es großes Hallo und Stehapplaus, als der magere Magier seine allzu langjährige Assistentin in den Schrankkoffer steckte, die Tür schloß, wieder öffnete und die flitterwimperäugige Altgrazie verschwunden war. »So einen Schrank hab' ich auch!« sagte ich huldvoll klatschend zu meinem Nachbarn, der mir über seiner Zuckerwatte einen verständnislosen Seitenblick zuwarf. Bei uns ist es der Kühlschrank. Ich kann reinstopfen, soviel ich will, wenn ich nach einer Weile wieder reinschaue, ist er leer.

Mein Sohn ist jetzt beinahe elf, und wir sind an dem Punkt angelangt, wo die Ernährung des Knaben im besten Wachstumsalter Formen der industriellen Mast annimmt. Die Frage heißt nun nicht mehr, was soll ich meinem Kind zu essen geben, sondern, wieviel auf einmal und darf ich zwischendurch ausruhen? In unserem speziellen Fall würde sich überdies der Umzug in die Nähe einer Käserei rechnen, denn der Erstgeborene ist dem Überbacken verfallen. Und zwar in einer Weise, daß man im Anschluß an Freud durchaus von einer überbackenen Phase sprechen könnte. Man muß aufpassen, daß man keine niederländischen Miniaturen aus dem 16. Jahrhundert oder Laptops auf dem Abendbrottisch liegen läßt, sonst findet man sie mit einer zerlaufenen Gouda-Scheibe bedeckt im Ofen wieder.

Und so geschah es eines Abends, daß der vielversprechende Erbe sich den letzten Käsefaden der vierten Stulle vom Finger leckte und fragte: »Darf ich noch eine …«, und ich: »Ja! Bitte, nur zu! Solange es schmeckt« und meine Frau: »Nein! Schluß jetzt« antworteten. Dann war Stille. Der Verursacher sondierte das Patt der Eltern und begann, gespannt seine Unterlippe anzunagen.

Sogar die Trollprinzessin hörte auf, ihrer Püppi dauernd mit Leberwurst ein »Igittigitt Kacki« ans Bein zu schminken. Die Eltern – uneinig! Und auch noch vor den Kindern! Das Einheitsfrontgebot mag in der Arbeiterbewegung über den Zenit seiner Sinnstiftung hinaus sein, aber in der Elternschaft hat es nichts von seiner Strahlkraft eingebüßt. Die Elterneinheit ist geradezu ein Wert an sich. Man kann sein Kind zu einem der zehn meistgesuchten Verbrecher von Luckenwalde erziehen, Hauptsache, man zieht dabei an einem Strang. Meine Mutter brüstet sich heute noch: »Wir haben uns nie vor den Kindern gestritten!«, wobei ich mir immer vorstelle, wie meine Eltern spät abends ganze Plenarsitzungen abhielten, um die unverbrüchlichen Richtlinien für Montag, den 12. November 1975, abzustimmen, nur um am nächsten Morgen nicht in der Detailfrage, ob ich wirklich Omis knallgelbe Strickmütze aufsetzen müsse, lässig gegeneinander ausgespielt zu werden. Was im Grunde aber egal war, weil ich schon beim Auspacken von Omis Geschenk beschlossen hatte, Omis knallgelbe Strickmütze »weiß nicht mehr wo« zu verlieren.

Was war nun, fast zwanzig Jahre später, zu tun? Rausgehen, die Tür zumachen und heiser fauchend rumgestikulieren? Zwei Türen zumachen und uns anbrüllen? Unsere Blicke fochten stumm eine Viertelminute, bis ich das Kind erlöst anwies: »Okay, du darfst noch eine Stulle überbacken, aber du darfst sie nicht essen!«

UNTER SCHUBSERN

Als ich die Tür öffnete, begrüßte mich eine Schlammpackung der Konfektionsgröße 146. Der Kronsohn sah so bemoddert aus, daß man von Glück sprechen konnte, daß ihm die Stadtreinigung nicht das Betreten öffentlicher Wege verboten hatte. »Basti hat mich in eine Pfütze geschubst, als ich aus der Schule kam«, erklärte der Sproß seufzend, als wäre dies der Lauf der Welt. »Na, den hätt' ich aber zurückgeschubst«, versuchte ich die Gewaltspirale an unseren Schulen anzukurbeln. »Den hätte ich so zurückgeschubst, daß er eine Woche rückwärts gesprochen hätte.« Das Moddersöhnchen schüttelte betrübt den Kopf. »Ging nicht. Seine Mutter war dabei.« »Die hätte ich gleich mitgeschubst, ein Aufwasch, Schubserpack, das elende«, erwiderte ich haßerfüllt und fragte mich einen Moment, ob in der jahrhundertelangen Genealogie friedlicher, gottesfürchtiger Landarbeiter nicht doch irgendwo ein durchreisender Albaner seinen unstillbaren Rachedurst in meine Erbanlagen geschmuggelt hat.

Nicht, daß noch mein Urenkel seinem Urenkel auf dem Totenbett den Eid abnimmt, alle Angehörigen der B***familie zu schubsen, wo immer sie sich frech zeigen, auf den Glitschkacheln im Stadtbad, beim Joggen am stacheldrahtumwirkten Brombeerbusch, beim neugierigen Besuch der Sahnetortenausstellung, beim Eierlaufen, Mikadospielen, Kontaktlinseneinsetzen sowieso. »Du solltest ein bißchen mehr Mumm haben, du bist schließlich ein Schwarz«, ermahnte ich ihn stolz, wie ja ohnehin das nimmermüde Ermahnen und oberkluge Ratschlagen zu den vornehmsten aller Erwachsenentätigkeiten zählt. (Manchmal schaue ich in der Kaufhalle herum, ob sich ein Kindlein zu weit von der Mutter entfernt hat, nur, um es dann strengen Blickes mit einem »Naaa? Gehört sich denn das?« vollzumahnen. Das normal entwickelte Kind streckt mir dann die Zunge raus oder tritt mir ans Schienbein und läuft schnell weg.)

»Ich bin es nicht wert, deinen Namen zu tragen!« resümierte der Stammhalter oberflächlich die Schande am Kaffeetisch mit den Großeltern. »Das ist nicht schlimm. Dein Papa hatte in deinem Alter auch noch einen anderen Namen«, antwortete die liebe graue Oma, »der hieß nämlich Bangbüchs.« Ich überlegte kurz, ob man dem Kind, das des Plattdeutschen nicht mächtig war, noch suggerieren könne, Bangbüchs sei ein alter norddeutscher Heldentitel. »Aber du bist tatsächlich etwas aus der Art geschlagen, mein Kleiner«, ergänzte die liebe graue Oma, »du fürchtest dich nicht vor dicken Fliegen und Eiersplittern im Omelett, du schläfst allein im stockdunklen Kinderzimmer, ohne daß die Tür zum hellen Flur einen halben Meter aufstehen muß, und bindest auch nicht deinen Judogürtel über den Anorak, damit jeder sehen kann, daß du …« »Noch Kaffee, Mutter? Vielleicht ein besonders großes Stück krümeligen Kuchen?« gastgeberte ich mich hart dazwischen, aber mein Sohn hatte ausgeknobelt. »Dann komme ich vielleicht nach Opa?« erkundigte sich der kleine Erbschleicher, und noch bevor die liebe graue Oma zu einem ausführlichen »Na ja …« ansetzen konnte, legte der Opa seine schwere Hand auf die seiner Gattin und brummte sehr bestimmt: »Wichtig ist nur, daß man gesund ist, und wir Schwarzens sind jedenfalls immer sehr gesund gewesen.«

DER HEIMWEG ALS MARTYRIUM

Wenn ich eines Tages vom Familienministerium gebeten würde, einen Test über die Fähigkeit zur Kinderaufzucht bei, sagen wir, Akademikerinnen um die Dreißig zu entwickeln, würde er so aussehen: Binden Sie sich mal die Füße zusammen, so daß Sie nur Trippelschritte machen können, und nehmen Sie in die eine Hand, auch wenn das kaum zu greifen ist, einen kleinen dicken Rucksack, eine lebensgroße Sonnenblume aus Holz, zwei wichtige Tuschkrakelbilder und eine Trinkflasche, und dann knicken Sie auf der anderen Seite seitwärts ab, so daß Ihre freie Hand ungefähr einen halben Meter über dem Boden ist. Bleiben Sie in dieser Haltung fixiert und gehen Sie, nein trippeln Sie wenigstens eine Dreiviertelstunde, währenddessen Sie alle zwei Minuten eine Minute in dieser abgeknickten Position stehenbleiben …

An dieser Stelle können Orthopäden vor Tränen nicht mehr weiterlesen und selbst hartgesottene Physiotherapeutinnen müssen jetzt erst mal kurz ans offene Fenster und ein bißchen durchatmen. Diese orientalisch anmutende Schultergelenks-, Bandscheiben- und Kreuzbandfolter, die den ganzen Stützapparat des Menschen knirschend auseinanderbricht, ist aber nichts anderes als der Heimweg mit einem Kleinkind an der Hand vom Kindergarten nach Hause. Der Heimweg mit Kleinkind zählt zu den absoluten Herausforderungen der

Elternschaft und rückt Grimmsche Hänsel-und-Gretel-Fiesheiten à la »wurden im Walde zurückgelassen ...« in die Nähe einer erwägenswerten Option.

Haben Sie schon immer mal wissen wollen, ob Sie beschattet werden? Gehen Sie einfach mal mit einem Zweijährigen durchs Stadtviertel, wenn Gänseblümchen und Löwenzahn in unübersehbarer Zahl zum Ausreißen auf den Wiesen stehen und Gehäuseschnecken mit verblüffend anstupsbaren Fühlern übers Pflaster schleimen, wenn glitzernde Kronkorken und silbrige Zigarettenpapierreste einzig zu Sammelzwecken ausgestreut scheinen. Wenn überhaupt eigentlich jeder etwas größere Kiesel eine derart ungewöhnliche Form hat, daß er gar nicht genug bestaunt werden kann, wenn eine tote Hummel am Rasenstein mit einem Stock gewendet und auf ihr tatsächliches Totsein überprüft werden muß und derselbe Stock phantastischerweise auch noch Klickerklackerbingbangbeng-Musik am Gitterzaun macht. Sie müssen gar nicht um sich äugen, ob irgendein verdächtiges Subjekt folgt, sie müssen nur warten, bis irgendwann nach ein paar hoffnungsfroh gelaufenen Metern das Kleinkind zum 483. Mal stehenbleibt, etwa, um zwei niedliche Feuerwanzen beim putzigen Liebesspiel zu beobachten, und hinter Ihnen ein Mann in unpassender Regenbekleidung eine 45er Magnum aus der Achsel holt, dem Fratz an die Stirn hält und heiser brüllt: »Schluß jetzt mit den Faxen!! Hier gibt es nix zu glotzen!! Mach, daß du vorankommst!!! Und zwar dalli!!!«

Das Wundervolle an diesem Vorfall aber ist nicht, daß Sie jetzt, wo Ihr Knirps verdutzt auf die Mündung der Riesenwumme schielt, endlich wissen, daß Sie überwacht werden, sondern, daß um Sie herum ein paar Dutzend Erwachsene neben ihren Kleinkindern stehenbleiben und Beifall klatschen oder »Bravo!« rufen.

ALARM IM HEIM

Eigentlich wollte ich an dieser Stelle einmal was über die Leute schreiben, die immer noch mal an sichtbar verschlossenen Toilettentüren rütteln, über Leute, die immer wieder auf den bereits leuchtenden Fahrstuhlanholknopf drücken. Kurz, ich wollte die Irrationalität meiner Mitmenschen, ihr mangelndes Verständnis für simple technische Zusammenhänge, ihren nahezu debilen Skeptizismus gegenüber harten Fakten anprangern. Dies alles freilich, um mich selbst in um so helleres Licht zu rücken. Aber gerade als ich die Qualität dieses vielversprechenden Ansatzes noch einmal kritisch überprüfte, kam das einzige Wesen, das mir bei der Arbeit zusehen darf, ins Zimmer, warf einen kurzen Blick in Richtung Schreibtisch und – übergab sich. Und zwar so ausgiebig, daß mir selber ganz flau wurde.

»Ist schon gut«, sagte ich beleidigt, »ich finde den Text auch nicht so toll!« Minka schüttelte sich und sprang aufs Sofa. »Ich weiß, woher der Name Katze kommt«, sagte ich beim Aufwischen. »Eine einfache Vokalverschiebung! Leider in Vergessenheit geraten. Früher wußten die Menschen noch, wen sie sich ins Haus holten, wenn sie beim Tierhändler eine Siamkotze, eine Karthäuserkotze oder einfach nur eine Schmusekotze verlangten.« Minka aber gähnte betont gelangweilt, und ich beschloß, den Stammhalter nachher sofort nach Katzengras zu schicken, um diese Würgeanfälle zu stoppen. Hatte ich schon erwähnt, daß wir eine Katze haben? Ah, eine Katze! sagen jetzt die Auskenner, typisch für einen Individualisten. Hatten wir eigentlich auch erwartet. Einer Katze kann man nichts befehlen. Eine Katze macht, was sie will. Passend für einen kreativen, nonkonformistischen Menschen. Hunde hingegen findet man ja immer an der Seite von diesen Herrenmenschen, denen nur wohl ist, wenn sie jemanden zum Parieren haben. (Manchmal findet man die Herrenmenschen aber auch im verrammelten Badezimmer, von wo aus sie die Polizei anrufen, weil der Hund es sich anders überlegt hat.) Ganz anders Katzen. Die kommen immer nur angeschnurrt, wenn man auf dem Kanapee ein Mittagsschläfchen macht oder im Vollrausch auf dem Badezimmerläufer zusammengebrochen ist, und kuscheln sich einem in den Schoß.

Trotzdem muß ich sagen, daß mir die Vorteile unserer Katze (»Endlich mal einer, der sich wirklich für die Fische im Aquarium interessiert«) gegenüber ihren Nachteilen bedrückend läppisch erscheinen. Ich kann mich nur damit trösten, daß es ganz außergewöhnliche krasse Nachteile sind, die unsere Katze zur einzigartigen Erscheinung machen.

Es ist ja nicht nur, daß sie mehrmals im Jahr das Fell komplett austauscht. Sie haart so stark, daß es immer wieder an ein Wunder grenzt, daß sie am nächsten Morgen nicht nackt durch die Diele spaziert. Das Schlimmste ist: Minka ist eine Alarm-Katze. Wir haben sie erst im Alter von ein paar Monaten bekommen und wissen nichts über ihre Herkunft. Aber ich vermute, daß sie in einer psychiatrischen Spezialklinik für durchgeknallte Oberkommandierende der Schnellen Eingreiftruppen ihre frühe Prägung erlebt hat. (Zwar gibt es meines Wissens hier weit und breit keine solche Klinik, andererseits würden sie das wahrscheinlich so auch nicht draußen dranschreiben.) Nun ist das für eine Vermutung schon sehr konkret, und ich will nicht zögern, Indizien nachzuliefern, um nicht selbst den Verdacht psychiatrischer Behandlungsbedürftigkeit auf mich zu ziehen.

Wir saßen jedenfalls am Abend ihres Eintreffens mit dem kleinen Schwarzpelz im Wohnzimmer und überschlugen uns in der Beobachtung entzückender Merkmale: »Guck! Sie fängt an, mit dem Schwanz hin und her zu schlagen!« und »Wie ihre Augen jetzt leuchten!« und »Schau, wie sie die Ohren spitzt!«. Dann schoß die Katze los. Sie fegte krallenfetzend über die Sitzecke, raste in Mannshöhe quer über die Tapete, als wäre die Erdanziehung nur was für Langweiler, und landete hinter den Gardinen auf dem Fensterbrett. Dort äugte sie ein paar Sekunden völlig erstarrt auf die nächtliche Straße. Dann jagte sie weiter mit einem Satz aus dem Wohnzimmer, rutschte im Flur auf dem Parkett aus, schleuderte unter den Schrank, katapultierte sich wieder hervor, kobolzte in der Küche durchs Gewürzregal, sah sich kurz um und tobte mit einem kurzen Umweg durchs Kinderzimmer wieder in die gute Stube zurück und versteckte sich auf dem Sofa unter der Decke.

»Was war das?« fragte meine Frau vorsichtig. »So sind Katzen!« schlaumeierte der Kronsohn. »Deswegen war sie so billig«, sagte ich verstört. Wir tauften die Katze Minka, um ihr bei jedem Locken ins Bewußtsein zu rufen, daß sie eine ganz normale Hauskatze in einem ganz normalen Haus ist, aber umsonst. Unberechenbar nach Zeit und Ort raste Minka plötzlich los, äugte, versteckte sich und wechselte im Verlauf eines Blinzelns dreimal den Platz. Bis ich eines Tages zu meiner Frau blitzerleuchtet sagte: »Gefechtsalarm! Ich denke, es ist Gefechtsalarm! Geländerekogniszierung, Feuerstellungswechsel, der übliche Infanteriedrill halt! Du mußt sie dir nur mal kurz mit Stahlhelm und Sturmgepäck vorstellen!« Meine Frau sah mich von der Seite an und zuckte kurz mit der Augenbraue.

Ich stellte mich breitbeinig vor die dösende Katze hin und brüllte: »Zu den Waffen!!!!« Der Erfolg war überwältigend. Minka prallte wie ein Flummi durch die Zimmer. »Das sag' ich dem Tierschutzbund!« meinte meine Frau bloß. Und erst, als sich herausstellte, daß Minka weder auf das gebrüllte »Tooor! Tooor für Deutschland!« noch auf das noch inbrünstiger gebrüllte »Das ist kein gottverdammter Kratzbaum!!!« ebenso verständnis- wie regungslos dreinschaute, aber bei allen erdenklichen militärischen Kommandos reineweg ausflippte, sagte meine Frau endlich den Satz, den so viele Männer ersehnen und den nur so wenige in ihrem Leben einmal zu hören bekommen: »Vielleicht hast du recht!«

Das Wissen, daß unsere Katze durch die frühe Kindheit in der Militärpsychiatrie geschädigt wurde, erweist sich als sehr hilfreich, wenn bei der Entdeckung übel dünstender Flecken in meinem abgeworfenen Sportzeug das böse Wort »Aussetzen!« fällt. Zu erkennen, daß die Obergefreite Minka vom 1. Pionierregiment hier nicht etwa rumgesaut hat, sondern wichtige Markierungsarbeiten für den Ernstfall durchgeführt hat, entschärft den Wunsch, wieder ohne Katze zu leben, und macht einem klar, daß man da eine ziemliche Rarität unter den Millionen deutscher Hauskatzen bei sich wohnen hat.

Manchmal kommt sie wichtig ins Zimmer stolziert und guckt mich länger an, als wolle sie sagen: »Schreib du mal weiter deine heiteren Belanglosigkeiten! Ich sage dir, wenn da draußen erst mal die Raketen einschlagen und die Panzer rollen, wirst du froh sein, eine Katze zu haben, die die moderne Militärtaktik aus dem Effeff beherrscht.« Dann leckt sie ihre Pfote an und wischt sich die Schnurrbarthaare gerade, weil sie ein oller Kommißkopp ist und ihr Schnurrbart immer picobello sein muß.

Ich drehe mich auf meinem Drehstuhl zu ihr ein und gucke zurück, als wolle ich sagen: »Träum weiter, Katze! Glaubst du im Ernst, daß, wenn das Kanzleramt in Schutt und Asche liegt und die Reste der Bundeswehr sich im Partykeller der Erich-Ollenhauer-Kaserne verschanzt haben, glaubst du im Ernst, daß ich mich dann zum Kanzler durchstellen lasse und ihn anflehe, endlich den Einsatz meiner Hauskatze zu befehlen?« Unsere Katze fällt dann schlaff auf die Seite und guckt nur einmal noch kurz hoch, als wolle sie sagen: »Das würdest du nicht machen, weil du genau weißt, was der Kanzler antworten würde: Nein, ich werde den Einsatzbefehl für die Katze Minka nicht erteilen, das wäre selbst in dieser aussichtslosen Situation unfair gegenüber unserem barbarischen Feind, aber ich werde durchsickern lassen, daß ich mit dem Gedanken spiele, es zu tun. Das sollte reichen, um die Kampfhandlungen sofort zu beenden!«

Dann gucke ich nicht mehr zurück, als wollte ich irgend etwas sagen, sondern werfe ihr einen zu Recht zerknüllten Textentwurf zu, der von ihr sofort persönlich umzingelt und eliminiert wird.

DAS WALTEN DER ALTEN

AM ERSTEN TAG

Als mein vor Jahren in Ehren pensionierter Schwiegervater an jenem denkwürdigen Tag um halb neun in der Herrgottsfrühe wunderbar unrasiert und im Schlafanzug in die Küche kam, saß eine schlanke Brünette, zugegebenermaßen eine gefärbte, auf seinem Platz und las Zeitung. »Wer bist du?« fragte mein Schwiegervater. Die schlanke Brünette senkte den Kopf, äugte über die Brille auf ihrer Nase und antwortete: »Ich bin deine Frau.« »Was machst du dann auf meinem Platz?« »Gestern war mein letzter Arbeitstag!« »Aha«, sagte mein Schwiegervater, kratzte sich am Kopf und ging ins Bad.

Während er sich die prächtigen schlohweißen Haare bürstete, überlegte er, ob das stimmen könnte, was die Frau, die morgens um halb neun auf seinem Platz saß, da sagte, und ob er nicht jemand anrufen solle, der zuverlässig bestätigen könne, daß seine Frau verrentet worden war. Allein, als er aus dem Bad kam, stand seine Frau schon im Flur und telefonierte mit seiner Tochter. Er legte gewichtig die Hände auf den Rücken, räusperte sich und machte ein paar Schritte vor seiner telefonierenden Frau auf und ab, dann blieb er direkt hinter ihr stehen und räusperte sich noch einmal – so gewaltig, daß es ihr die Nackenhaare hochblies, aber seine Frau hörte nicht etwa auf zu telefonieren, sondern flüsterte ihm nur über dem Telefonhörer zu, er solle sich mal schnell eine Honigmilch machen, das höre sich gar nicht gut an.

Mürrisch ging mein Schwiegervater in die Küche und setzte sich auf seinen Platz. Er versuchte das in seiner Familie traditionell sehr kompakte Pflaumenmus aus dem Glas zu spachteln, was ihm als gesundem und kräftigem Mann auch gelang, und wollte gerade in sein Pflaumenmusbrötchen beißen, als er beim Klinken der Tür vor Schreck so sehr zusammenzuckte, daß ihm das Brötchen aus der Pranke sprang und gerade so wieder eingefangen werden konnte. »Herrgott, Frau«, rief er, »du kannst nicht einfach so reinkommen. Ich erschreck' mich zu Tode!« »Schöne Grüße von deiner Tochter«, zwitscherte seine Frau und verschwand wieder, während mein Schwiegervater ihr »Das nächste Mal anklopfen!!!« hinterherrief. Dann seufzte er. Es war wohl Tatsache, daß seine Frau von jetzt an für immer daheimbleiben würde. Wie sollte er sich da verhalten? Nach dem Frühstück ging er zu ihr. Sie saß im Wohnzimmer auf der Couch und freute sich still, daß sie nie mehr zur Arbeit mußte. »Hast du nicht irgendwelche Erledigungen zu machen?« erkundigte sich mein Schwiegervater bei meiner Schwiegermutter. Sie verneinte. »Du mußt mal zum Friseur!« mahnte er, aber die Schwiegermutter wollte heute noch nicht zum Friseur. »Mmh. Warst du nicht die Frau, die so gerne wandert? Ist schönes Wetter draußen. Bleibt auch so. Bis heute abend könntest du gut und gern 30 Kilometer wandern ... wenn du jetzt aufbrichst«, lockte der Schwiegervater. Die Schwiegermutter aber mochte auch nicht wandern. »Möchtest du vielleicht was reden? Soll ich mich mit dir über irgendwas Sinnvolles unterhalten?« Doch die Schwiegermutter wollte auch nicht reden.

»So geht das aber nicht«, meinte mein Schwiegervater dann doch etwas gereizt. »Du kannst jetzt hier nicht, bloß, weil du auf Rente bist, den ganzen Tag die Wohnung …«, er suchte nach einem passenden Wort, »blockieren.« »Wo soll ich denn hin, ich bin doch hier gemeldet«, antwortete meine Schwiegermutter wahrheitsgemäß, und mein Schwiegervater nickte seufzend. Er ging nach oben in das Musikzimmer und spielte sehr laut und sehr lange Klavier und sang dazu. Als er nicht mehr konnte, unterbrach er das Spiel und lauschte. Es war nichts zu hören. Vielleicht ist sie ja doch wandern, sagte er sich und kam extra leise aus dem Zimmer, wo er sofort auf seine Frau stieß, die sich ein dickes Buch über Liebe und Abenteuer geholt hatte. »Hallo!« sagte mein Schwiegervater überrascht, »so sieht man sich also wieder!« »Du mußt mich nicht jedesmal grüßen, wenn wir uns begegnen«, sagte die Schwiegermutter gütig.

Am Abend ging es Schwiegervater schlecht, am nächsten Morgen noch schlechter. »Wo tut's denn weh?« fragte der Doktor. »Hier so«, sagte mein Schwiegervater und zog mit dem Finger einen großen Kreis um seinen Rumpf. »Interessant!« sagte der Doktor und rang einen Augenblick mit sich, ob er meinen Schwiegervater nicht »zur Abklärung« vermittels Magen-, Darm- und noch schlimmerer Schläuche komplett durchsuchen und ihm großzügige Proben aus Hirn, Rückenmark, Leber und Lunge entnehmen sollte, da ihn ein langes Arztleben gelehrt hatte, daß die meisten Beschwerden durch eine maximalinvasive »Diagnostik« beseitigt werden können. Aber der Doktor war in Volksheiler-Stimmung, und so forschte er fürsorglich: »Hat sich denn irgendwas in Ihrem Leben geändert?« »Schon«, klagte mein Schwiegervater, »meine Frau ist jetzt auch auf Rente und läuft mir den ganzen Tag über den Weg.« Der Doktor guckte wissend. »Haben Sie ein Bild von ihr dabei?« Mein Schwiegervater bejahte verwirrt und sagte deswegen gleich: »Ihr Aussehen ist es nicht. Sie sieht für ihr Alter eigentlich ziemlich gut aus.« Aber das meinte der Doktor nicht. »Wir müssen Sie desensibilisieren. Nehmen Sie das Bild und schauen es sich eine halbe Minute an. Gehen Sie an die frische Luft, atmen Sie tief durch, entspannen Sie sich und schauen Sie sich dann wieder eine halbe Minute das Bild Ihrer Frau an. Das Bild ist nur ein Bild. Es will nichts von Ihnen. Fühlen Sie sich erst mal sicher. Versuchen Sie so, das Bild Ihrer Frau nach und nach in ihren Tagesablauf einzubauen. Später kann Ihre Frau selbst, allerdings nur passiv …«

Das alles wußte meine Frau nicht, als sie sich zwei Tage später telefonisch nach dem Befinden ihres kranken Vaters erkundigte. »Er ist noch nicht ansprechbar«, sagte meine Schwiegermutter zum Entsetzen meiner Frau und fügte zur kompletten Verwunderung derselben hinzu: »Aber wir haben schon zusammen Tischtennis gespielt und eine schöne Radtour gemacht.«

WIE MEIN NEUMODISCHER VATER
DIE RENTE VERJUBELT

Schwiegermutti ist jetzt auch schon in Rente. Oder auf Rente. Genau weiß ich das nicht. Hängt wahrscheinlich von der Summe ab, über die man dann verfügen kann. Ich bin ja überhaupt kein Freund allzu reichlicher Altersgelder. Die Alten machen nur Quatsch damit.

Zugegeben, das ist eine kühne Meinung in einer vorwiegend von Greisen behausten Republik und wahrscheinlich gleichbedeutend mit einem zerdellten Kotflügel (»Wir haben Spuren von Wurzelholz im Lack gefunden. Es deutet alles auf einen Krückstock hin!«), aber es muß mal raus. Kaum ein Mittsechziger ist doch heute so schlapp in den Latschen, daß er gegen Zahlung von Geld daheim bleiben muß. In 90 Prozent aller Fälle ähnelt die Rente eher einem nach Jahrgängen statt nach Weltanschauung sortierten Berufsverbot.

Die Folge: Der natürliche Drang, sich nützlich zu machen, verkommt mangels Beruf zum Wunsch, etwas Nützliches zu kaufen. Allein, was Rentner nicht wissen, ist dies: Die Liste der nützlichen Dinge ist kurz! So kam der Rentner, dessen Haltlosigkeit ich mein ungeplantes Leben verdanke, jüngst mit verdächtig funkelnden Augen zu mir und sprach: »Du weißt ja, wie lange mich die Dusche im Bungalow schon ärgert ...« Da mir die fragliche Apparatur als eine der makellosen mitteleuropäischen Boiler-Duschen vertraut war, ein allmorgendlicher Anlaß zu ungetrübter Freude, ein mustergültiges Exemplar, das sogar im fernen Duschanbe … na ja, egal …, stockte mir der Atem. »Hhhmmh!« bestätigte ich meinem Vater, mehr der Ehrfurcht als der Vernunft gehorchend. »Gott sei Dank hat mich letztens auf der Wochenendhausmesse ein junger Mann angesprochen, der ein sensationelles Produkt …«

Ich hatte mich eigentlich immer schon mal gefragt, wer diese ganzen teilionisierten Zweitbrillentrockner, Kochlöffelhalterabdeckhauben, nur hier und sofort zu bestellenden Teppichfransengleichrichter kauft, war aber nie auf den seriösen, älteren Herrn in ehemals leitender Funktion gekommen, den meine Schwestern und ich übereinstimmend als unsern Vati identifzieren würden. »Wie teuer?« unterbrach ich ihn herb. »500 Euro bloß«, entgegnete der Vati und setzte sofort, bevor ich noch zu hyperventilieren anfangen konnte, hinzu: »Und zwar mit Einbau!«

Ich versammelte meinen inneren Krisenstab und beschloß, mir ein Bild vom Ausmaß des Schadens zu machen. »Was ist denn jetzt … anders?« fragte ich betont gefaßt. »Das Gerät ist viel kleiner, und es spritzt jetzt nicht mehr so«, beschönigte er. Aha, dachte ich es mir doch, ein Puppenstubensprinkler. Zwei Liter Durchlauf in der Viertelstunde. Einzig geeignet, um im Urlaub die Orchideenerde feucht zu halten. Der Vati konnte meine Gedanken lesen. »Es fließt ganz ordentlich, aber eben auch nicht übermäßig. Wie auch immer, der Wasserverbrauch wird jetzt nicht mehr so hoch sein.«

Wir waren an einem empfindlichen Punkt im Leben von Vati und Sohnemann angekommen. Aber steht es einem –

wenn auch bald vierzigjährigen – Grünschnabel wie mir zu, dem alten Herrn das böse Wort »Fehlkauf« hinzuwerfen? Kaum. »Vadder«, hub ich an, »ein neuer Durchlauferhitzer ist natürlich vor allem erst mal neu. So weit, so gut. Aber hast du schon mal über betreutes Einkaufen nachgedacht? Oder so eine Art Teilentmündigung für den Erwerb von Sanitärtechnik, damit man alles schnell wieder rückgängig machen kann. Na, wär' das nix?«

Der gute alte Vati warf mir jetzt den berühmten skeptischen Blick zu, der bei uns in gerader Linie vererbt wird, und erwiderte im erdrückenden Vollbesitz seiner Geistesgegenwart: »Wie bist du eigentlich mit dem Rasenkanten-Schneider zufrieden, den du so superbillig im Baumarkt gekriegt hast?«

VOR NEID ZERKNITTERT

Man glaubt es ja kaum, aber auch Geschwisterkonkurrenzen ändern sich. Früher war ich bloß der kleine Bruder. Heute bin ich der jüngere. Natürlich fahre ich da gerne zu einem weiteren Geburtstag meiner Schwester. Andererseits wird das Haus meiner Schwester von einem gefährlichen Mann namens Schwager bewohnt, der nur darauf wartet, daß ihn jemand wie ich arglos besucht.

Ich blickte mich furchtsam um, aber auf den ersten Blick schien in der Wohnung meiner Schwester alles beim alten zu sein. Der Schwager verabreichte ein an Selbstversuch grenzendes Mixgetränk und deutete dann doch mit dem Kopf zum Arbeitszimmer, das nach frischem Plastik roch. Als wir drin standen, sprach er zu mir: »Sag mal: An!« Ich ahnte schon, daß gleich etwas absolut Spektakuläres geschehen würde, aber ich sagte trotzdem mutig: »An!« Der neue Computer blinkte auf und startete. »Sprachgesteuert!« sagte mein Schwager mit vernichtender Selbstverständlichkeit. Ich würgte ein als Ausdruck meiner Gelassenheit völlig mißlungenes »Schönschön!« hervor.

Sprachgesteuerter Computer! Unglaublich! Ich verfüge über nichts dergleichen. Nicht mal meine eigenen Kinder würde ich als wirklich sprachgesteuert bezeichnen. Der Schwager labte sich an meiner technologischen Zurückgebliebenheit. »Textverarbeitung!« befahl er lässig dem Gerät. »Briefkopf 2!« Ich hyperventilierte leise vor Begeisterung. »Spielerei! Braucht doch keiner!« keuchte ich verlogen. »Stimmt«, räumte der Schwager taktisch ein, »ist eigentlich nur was für Leute, die beim Schreiben gern auf und ab gehen.« Da »Der-beim-Schreiben-auf-und-ab-geht« mein Indianername, mein Täterprofil und meine Kundenbegrüßung beim Teppichhändler ist, nickte ich nur noch säuerlich. Aber es war nicht zu Ende.

»So eine Funktion hätte ich trotzdem gerne noch bei dem 50-Zoll-Plasma-Flachbildfernseher«, leitete der Schwager listig über und ging, meinen Blick hinter sich schleppend, ins Wohnzimmer, wo sich Heidi Klum gerade in etwa Lebensgröße an der Stelle räkelte, wo sich früher Schwagers alter Röhrenklopper befunden hatte. Ich begann, vor Neid zu knittern, und ich hatte partout nichts dabei, um nur halbwegs zurückprotzen zu können. Warum nur hatte ich meiner Schwester den Mondkalender geschenkt?

Bis auf die Handvoll wunschgestörter Nichtbraucher muß man echten Männern eigentlich nicht erklären, daß Mediamärkte die Zeughäuser und Waffenkammern von heute sind. Und jeder Mann ist gut beraten, auf den Moment vorbereitet zu sein, in dem ein junger Schnösel im ICE wie beiläufig seinen MP3-Player auf den Tisch packt. Gut, wenn man dann sagen kann: »Oh, kann ich den mal sehen? Aha, das ist also die billige Version mit nur 10 Gigabyte. Reicht ja auch aus. Ich hab' hier das Gerät mit 100 Gigabyte, wo man auch Fotos und Filme draufladen kann.« Das unterlegene Männchen, so hat es die Natur eingerichtet, verschwindet dann schleunigst ins

Bordrestaurant. »Hast du ihm wenigstens deine neue Digitalkamera gezeigt?« fragte meine Frau besorgt, als sie mich Volltrunkenen wieder nach Hause fuhr. »Ja, aber er hat gesagt, die Sache mit den Digitalkameras hätte er schon wieder hinter sich«, schluchzte ich los und warf mich meiner Frau in den Schoß, die deswegen alleine geblitzt wurde.

BRAUCHTUM MIT WILDGEFLÜGEL

Weihnachten ist das Fest der Familie. Wir werden die Schwiegereltern einladen. Der Schwiegervater wird seine Elektronenorgel mitbringen. Eigentlich ist es ja ein hochmodernes Keyboard, mit dem er blinden Klavierstimmern einen Bechstein-Konzertflügel vortäuschen könnte, auf dem er aber aus unerfindlichen Gründen eine schwummerige Ein-Mann-Orchester-Variante einstellt, die sich anhört wie der Tag, an dem man vergessen hatte, den Gehörschutzstopfen aus den Ohren zu nehmen. Aus den Tasten dieses so justierten Geräts wird der Graubart mit flinken Fingern »O Tannenbaum« und »Stille Nacht« herausschlagen, und wir werden alle fröhlich sein und singen.

»Mein Vati bringt dann noch seinen berühmten Heringssalat mit. Und wir machen Kartoffelsalat mit Wiener Würstchen«, sagt meine Frau und schaut mich so unschuldig, herzensgut und sternenäugig an wie Nastenka im russischen Märchenfilm. Sogar ihr Wallehaar wuschelt ihr besonders zutraulich um die Nasenspitze. Ein Bollwerk des Liebreizes. Aus keinem anderen Grund vor mir aufgebaut, um mein harsches Nein daran in Stücke fallen zu lassen. Aber bin ich wirklich der Mann, der sich in der alles entscheidenden Frage, nämlich was zu Heiligabend auf dem Tisch stehen soll, Erb- und Ehrgefühl aus dem Hirn blinzeln läßt? Natürlich nicht. »Auch ein sehr berühmter Heringssalat mundet nicht zum … Fasan!« antworte ich fest. Meine Frau kommt schmusekatzenmäßig über die Couch geschlichen und rückt mir mit ihrem von Kindern und Jahren wunderbar unbeschädigten Dekolleté auf den Leib. »Ooch, diesmal sparen wir uns den ganzen Aufwand mit dem ollen Wildgeflügel!« Ich werde abweisend wie eine Teflonpfanne. (Tut mir leid, aber am Jahresende sind eben auch die wirklich guten Metaphern alle!) »Es gibt Fasan in Orangensauce wie jedes Jahr in meiner Familie!« Jetzt schmollt meine Frau. Sehr zum Vorteil ihrer Schmoll-Lippen. Hat sie Pech gehabt. Ich bin ja nicht auf Inserat hier: »Suche Mann ohne eigenes Weihnachtsbrauchtum für gemeinsame Feiertage.«

Heringssalat, soweit kommt's noch! Natürlich ist Weihnachten das Fest der Familie, aber die Frage, das Fest welcher Familie Weihnachten sein soll, steht bei uns alle Jahre wieder unübersehbar im Raum wie der Tannenbaum. Wozu hat mein alter Herr mit der Doppelflinte im Anschlag und damit ähnlich schreckhaft wie der buntschweifige Hühnervogel all die Jahre die Winterluft im Treffer-Verhältnis 1 : 1 durchschrotet, wenn nicht, um ein exklusives Heiligabendspeisebrauchtum zu begründen? Zwar hat seit langem die Arthrose in der Vaterschulter diesen tödlichen Druck von der mitteleuropäischen Fasanenpopulation genommen, aber nun gibt es den Vogel ja im Handel.

Sicherlich, Fasan in Orangensauce macht sich nicht von alleine. Drei, vier Stunden muß man am Heiligabend schon übrig haben. Wichtig ist auch, daß Frauen und Kinder mit all ihren ungeduldigen Zwischenfragen, neugierigen Kostproben und vorfreudigem Hin-und-Her-Gerenne von der Küche ferngehalten werden. Denn nur eine einzige Minute den Überblick verloren im etwa tausendschrittigen Koch-Manöver, und der Vogel kommt zäh aus der Röhre und schmeckt wie Moorkienwurzel in Orangensauce. Dann ist freilich die Bescherung im Eimer. »Kann alles mal passieren!« wird dann der Schwiegervater knurren. »Mutter, hol doch mal die Schüssel mit dem Heringssalat aus dem Auto!«

DER OPA IN DEN ZEITEN DER ZUZAHLUNG

Es gibt ja immer diese Gegenbeispiele. Leute, die bis zuletzt dicke Zigarren rauchten und trotzdem noch auf dem Sterbebett Doppel-Luftmatratzen mit einmal Luftholen aufblasen konnten, und so was alles. Kettenraucher, Rechtsüberholer, Rückenschulenschwänzer und andere Spießgesellen des Desasters erzählen sich diese Kamellen gern, um sich gegenseitig wie Pinguine im Eissturm der statistischen Unausweichlichkeit zu wärmen. So bin ich nicht. Ich nehme die Wahrscheinlichkeit ernst und sie mich auch. Vielleicht sogar zu sehr. Denn obschon es mit Blick auf die Häupter meiner Vorfahren wahrscheinlich war, daß mir irgendwann das eine oder andere Haar ausfallen würde, wäre es mir lieber, wenn meine Freunde sagen würden: »He, du hast wahrscheinlich Haarausfall!« als »He, du hast unwahrscheinlichen Haarausfall!«.

Trotzdem: Die Zähne meines Vaters dürfen wir getrost zur Sorte der extremen Gegenbeispiele zählen. Um es an dieser Stelle einmal mit allem gebührenden Respekt anzudeuten. Im dicken Buch der Sorgen meines Vaters stand die Sorge um die eigene Zahngesundheit nicht auf Seite eins. Nein, tut mir leid, auf Seite zwei auch nicht. Fast bin ich mir sicher, daß neugierige Menschen, die ganz genau wissen wollen, auf welcher Seite im Buch der Sorgen meines Vaters der Eintrag

»Zähneputzen!« stand, sich eher eine Sturmlocke beim Durchblättern anfönen, als fündig zu werden. Überraschenderweise blieben seine Zähne aber gesund und vollständig, während ihr Träger altersgerecht verfiel, und es dauerte weit über siebzig Jahre, bis sein Zahnarzt zu ihm sagte: »Ich würde Ihnen am liebsten alle Zähne ausbrechen!« Da mein Vater seit der Schuluntersuchung keine Erfahrung mehr mit Zahnärzten hatte, willigte er fröhlich ein.

Ein paar Tage später lag der Kostenvoranschlag auf dem Küchentisch meiner Eltern, und meine Mutter rief entsetzt durchs Telefon: »Eintausendfünfhundert Euro wollense für die neuen Zähne haben! Und das ist nur die Zuzahlung!« Am anderen Ende der Telefonverbindung stand ich. Der Sohn. Vielleicht lag es daran, daß ich justament in einem Reisekatalog die Yachtcharterangebote ab 1500 Euro durchschmökerte, daß mir Trostformeln wie »Zähne sind nicht alles im Leben« oder »Es gibt so tolle Suppenrezepte« nicht über die Lippen und schon gar nicht durch die Zähne kommen wollten. »Ruhig Blut, Mutter! Wozu habt ihr drei Kinder? Kleinigkeit! Regeln wir!«

Da wir drei sehr unterschiedliche Geschwister, eins braun, eins blond, eins … ich will nicht schon wieder darüber sprechen … sind, verzögerte sich die Regelung der Kleinigkeit etwas. Meine kleine Schwester plädierte zunächst für ein komplett zuzahlungsfreies, bernsteingelbes Kassengebiß, eigentlich zwei Plastikreifen, auf welchem die Zähne nur aufgemalt waren. Das klingt etwas herzlos, war allerdings nur als erster Schritt geplant, um dann vor dem Bundesverfassungsgericht einen Musterprozeß zum Gleichheitsgrundsatz anzustrengen, in welchem der Bundeskanzler verurteilt werden würde, das Gebiß, »nachstehend Solidargebiß genannt«, wöchentlich mit meinem Vater zu tauschen, und zwar »durch morgendliche Entnahme aus dem Reinigungsglas des Klägers durch den Bundeskanzler selbst oder einen vom Bundestag dazu Bevollmächtigten«.

Meine große Schwester hatte durch den Freund eines Bekannten den Tip eines ihm auf einer Raststätte begegneten Mannes erhalten, daß man in der Slowakei das in Deutschland derart überteuerte Strahlegebiß für ein Drittel des Preises bekäme, allerdings nicht in der Kiefergröße meines Vaters, weswegen sich der Zukauf eines ebenfalls sehr billigen »Gebißadapters« nötig machen könnte.

»Wollen wir nicht einfach zusammenlegen?« fragte ich vorsichtig, denn meine kleine und meine große Schwester sind dies nur aus der schwesterlichen Binnenperspektive, der Allerkleinste, der Allerletzte, im Streitfall sogar »das« Allerletzte bin immer noch ich. »Würden wir ja machen«, erklärten sie wie aus einem Munde, »wenn man das wenigstens irgendwie steuerlich absetzen könnte.« Recht hatten sie.

Viele Jahre hatten meine Eltern einiges in ihre Kinder investiert. Und jetzt sollten diese nicht zurückinvestieren können? Muß denn, bloß weil man seine Eltern lieb hat, jede finanzielle Zuwendung beim Finanzamt als Liebhaberei gelten? Wir starrten stumm mit grimmigem Blick in die leere Mitte unserer Konferenz. »Du«, sagte ich plötzlich, und »Ja?« antworteten meine Schwestern zugleich, die eine braun, die andere blond. »Du-AG!« sagte ich weiter. »Wir gründen mit Vattern eine Du-AG. Für eine Ich-AG wird es nicht reichen,

weil der alte Herr schon länger auf Rente ist. Aber im ange-
sprochenen Du der Du-AG kommt unser Wille zum Ausdruck, bei jemandem gut anzulegen, dem wir unsere guten
Anlagen verdanken. Wir investieren in den Vati, um ihn zu
vermarkten!« Meine Schwestern verleierten jetzt die Augen,
wie sie früher immer auf dem Schulhof die Augen verleierten,
wenn ihre Rotznase von Bruder in kurzen Hirschlederhosen
wegen eines aufgeschrammten Knies angeplärrt kam, wo sie
doch gerade mit Ralfi, dem Kreisklassenstufenoberschön-
sten, eine streng geheime Fluppe durchziehen wollten. »Du
kannst Vattern nicht vermarkten!« meinte meine kleine
Schwester gereizt, »Wofür soll Vatter denn werben? Für satel-
litengestützte Einparkhilfen?« (Der Einparkstil meines Vaters
erinnert tatsächlich sehr stark an einen Autoscooter und pro-
voziert regelmäßig bürgerkriegsähnliche Unruhen im
Wohngebiet. Ich sage dazu nur eins: Wenn die Typen sich
wegen der riesigen Kniebeulen in ihren Jogginghosen genau-
so verrückt machen würden wie wegen der, übrigens von
sehr, sehr weitem kaum noch zu sehenden, Kotflügeldellen,
die mein Vater hin und wieder in einen der umstehenden
Gebrauchtwagen hineinparkt, wären wir dem Aufschwung
Ost ein gutes Stück näher.) »Das meine ich doch nicht ernst
mit dem Vermarkten, wir besorgen uns nur den Verlustvor-
trag«, erwiderte ich, und meine ältere Schwester ergänzte
erwacht mit dem spezifischen Weitblick einer professionel-
len Ökonomin: »Ich weiß, was er meint: Wir können den
Alten langsam abschreiben!« Und bevor noch meine kleine
Schwester entrüstet aufspringen konnte, fuhr sie fort: »Und
zwar linear über zehn Jahre.«

Wir skizzierten kurz unsere jeweiligen Einlagen in das Finanzkonstrukt »Vati 2015« und die daraus resultierenden Beteiligungen am neuen Gebiß, an der überfälligen Hüftprothese und dem künstlichen Kniegelenk sowie einer fastensparenden Fettabsaugung zur Entlastung des Bewegungsapparates. Ich beantragte, als Vizevorstandsvorsitzender den Unternehmensbereich »Gebiß« zu leiten. (»In 2005 hatten wir einige Probleme mit Nüssen im Unterkiefer, die aber gelöst werden konnten. Herausgehoben werden muß auf alle Fälle das hervorragende Abbeißen bei der Gartenparty mit den zähen Kotelettstücken von Onkel Werner.«) Bis meine ältere Schwester sagte: »Nach der Fettabsaugung wird es kritisch. Dann hat Vattern wahrscheinlich wertmäßig in der Du-AG nicht mehr die Stimmenmehrheit.« Ein irritierendes Gefühl machte die Runde. »Solange nur wir die Teilhaber sind, sehe ich zwar keine Probleme, aber nehmen wir mal an, jemand von uns verkauft aus Geldnot an einen Dritten …« Die Vorstellung, daß irgendein geschniegelter Investmentbanker aus Frankfurt/Main zu unserem Vati sagen würde: »So reden Sie nicht mit unseren Zähnen!« oder »Ich verbiete Ihnen, mit unserer Hüfte weitere Spaziergänge zu unternehmen!«, hatte bei aller Bejahung der Marktwirtschaft etwas Unschönes. Wir schwiegen erschöpft.

Es kam dann aber doch alles anders. Ein paar Wochen später gelang es dem Schachklub Fürstenfeldbruck unter Aufbietung beträchtlicher finanzieller Mittel und vermittels eines Mittelsmannes einen kompletten Satz altertümlicher Schachfiguren, mutmaßlich aus dem Besitz eines indischen Moguls, zu erwerben. Wir erfuhren von dieser in unserem

Lebenskreis eigentlich unerheblichen Neuigkeit durch unseren Onkel Werner, der sich in den vergangenen 50 Jahren in Ostsachsen einen hervorragenden Ruf als Bastler und Schnitzer gemacht hat. »Gut«, sagte Onkel Werner, während mein Vater daneben mit seinem neuen Strahlegebiß strahlte, »das Elfenbein der Schachfiguren war zwar nicht 700 Jahre, sondern nur 70 Jahre alt, und es war auch kein Elfenbein, sondern Zahnbein, aber es waren 32 Schachfiguren, wobei der eine Turm ein bißchen Karies hatte …«

ZULETZT

»Ich liebe meine Frau«, sagte ich unlängst zu unserem Glaser, und der Glaser, der vorsichtig die letzten Fensterzacken der zerborstenen Küchentürscheibe aus dem Rahmen fummelte, antwortete: »Klar doch!« »Und wissen Sie, woran ich das merke?« fuhr ich eifrig fort. »Da bin ich aber gespannt«, log der Glaser ungerührt. »Ich mag sie so, wie sie ist!« präsentierte ich stolz meine Dutzendweisheit über das Wesen der Liebe. »Solang man sich das leisten kann«, brummte der Glaser und paßte provisorisch die neue Glasscheibe an.

Ich liebe meine Frau wirklich, und sie braucht sich nicht zu entschuldigen, wenn sie, die Trollprinzessin auf dem Arm und die Küchentür in der anderen Hand, diesen blitzenden Bruchteil einer Sekunde zögert, um sich dann endlich ganz gewiß zu sein, daß das jetzt wirklich zu fett war, und die Tür aus der Drehung ihrer schönen Schulter kraftvoll entläßt wie Lars Riedel den Diskus.

»Wow!« sagt mein Sohn dann und zeigt auf den Glaszakken, der zwei Meter weiter im Kastenbrot steckengeblieben ist. »Das ist ja wie bei ›Yu Gi Oh‹* hier!« »Tja, seine Frau ohne Schutzbrille kritisieren, das traut sich nicht jeder«, lehne ich mich zurück und verschränke die Arme hinter dem Kopf,

---

* japanische Zeichentrickserie, wo immer irgendwelche Blitze geschleudert werden

während draußen im Flur die Trollprinzessin fingerfuchtelnd »Bitte, bitte! Die Tür da auch knallen!« rumschreit. Und meine Frau steht da, hinreißend wie der Frühling von Botticelli, von Zorn gerötet und vom Wallehaar umlockt, und ich freue mich jetzt schon. Das gibt eine Versöhnung, da werden noch die Leute im Nebenhaus von sprechen.

Das Buch ist für dich, Liebste. Die anderen dürfen es nur lesen.

»ICH WERD VERRÜCKT UND ZIEH AUFS LAND«

ANDRÉ MEIER
»Die kleine Aussteiger-
fibel. Landleben für
Anfänger von A bis Z.«
Seitenstraßen Verlag
ISBN: 978-3-937088-05-1
9,90 Euro

SIE TRÄUMEN VOM LEBEN AUF DEM LAND?

Ein amüsanter Ratgeber: Wie schütze ich mich vor Mäusen, missmutigen Nachbarn und zu hohen Abwassergebühren? Warum soll ich meine Hühner nicht beim Namen nennen? Und wieso ist ein Pferd besser als Günther Jauch? Und viele Antworten mehr!

»… das ist das Umwerfende an diesem Buch. Es beschönigt nichts, es denunziert aber auch nicht das Aussteigerleben.« *(taz)*

GLOSSAR

Die Texte in diesem Buch erschienen außer einigen neuen Beiträgen zwischen 2003 und 2005 in der Zeitschrift DAS MAGZIN.

S. 7: Düsterer Ausblick (neu), S. 12: Lange Unterhosen in Öl (Januar 2004), S. 15: Spielwut (November 2003), S. 18: Als ich noch ein Feuerwerk war (Januar 2005), S. 21: Die unwürdige Behandlung kranker Männer (Juni 2003), S. 24: Beziehungsroutine oder »Du bist für mich Luft« (April 2003), S. 27: Wenn meine Ausstrahlung nachläßt (neu), S. 29: Brennende Gummibärchen (August 2004), S. 31: Langzeitbeziehungsdeutsch (Juli 2003), S. 34: Meine unterwanderte Freundin (April 2005), S. 37: Gestört vom Flirt (Mai 2005), S. 40: Aufreißer in Latzhosen oder Wer nicht will, der hat schon (April 2004), S. 51: Die Zornkönigin oder Das morgendliche Füttern (August 2003), S. 54: Morgendlicher Spracherwerb (September 2003), S. 57: Kinder zum Abgewöhnen (November 2004), S. 60: Das Lob zu tadeln oder Die Weisheit des Spermiums (Oktober 2003), S. 63: Der Streichekatalog (Juli 2004), S. 66: Ein Tag der Ehre (Mai 2003), S. 69: Feinstofflicher Nachmittag (neu), S. 74: Die Lust, das eigene Kind heimlich mit anderen zu vergleichen (Dezember 2004), S. 77: Unordnung macht glücklich (Februar 2004), S. 80 Familienfrühstück (Mai 2004), S. 83: Die Trollkriegerin (September 2004), S. 86: Der letzte Käsefaden (Oktober 2004), S. 89: Unter Schubsern (März 2005), S. 92: Der Heimweg als Martyrium (Juni 2005), S. 95: Alarm im Heim (neu), S. 101: Am ersten Tag (neu), S. 105: Wie mein neumodischer Vater die Rente verjubelt (Juni 2004), S. 108: Vor Neid zerknittert (Februar 2005), S. 111: Brauchtum mit Wildgeflügel (Dezember 2003), S. 114: Der Opa in den Zeiten der Zuzahlung (neu)